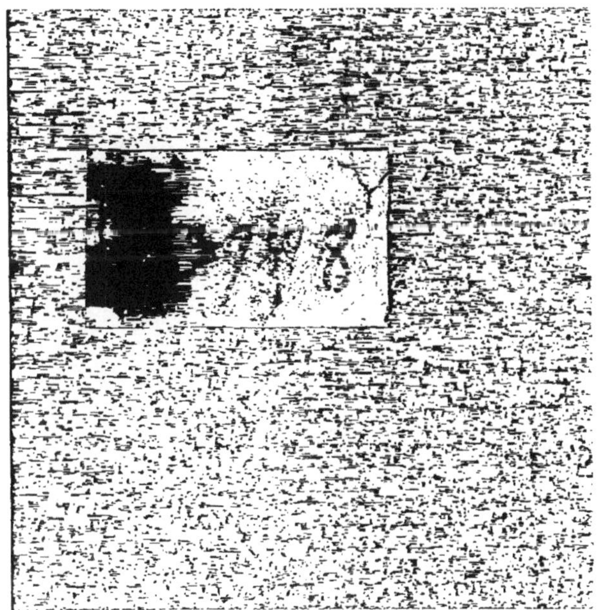

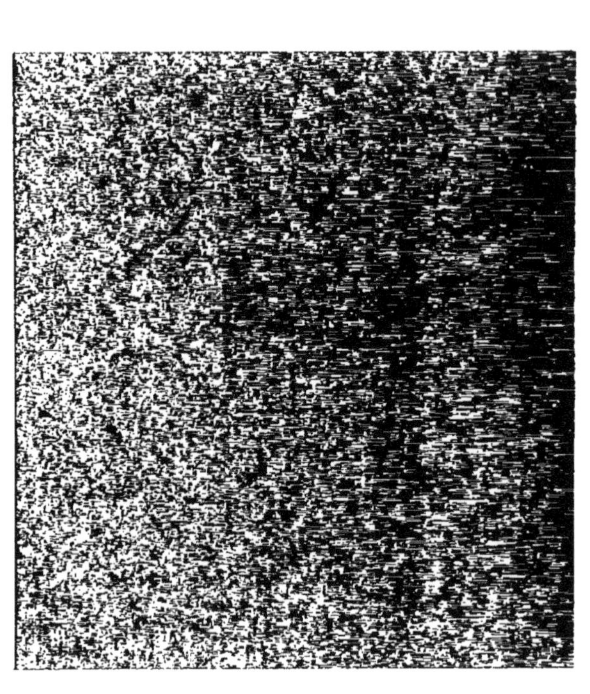

FACULTÉ DE DROIT DE PARIS.

THÈSE

POUR LE DOCTORAT.

L'acte public sur les matières ci-après sera soutenu,
le jeudi 19 mai 1859, à huit heures et demie,

Par J.-B. GOUDINEAU, né à Jau (Gironde).

Président : M. VALETTE, Professeur.

Suffragants : MM.
PELLAT, DUVERGER, Professeurs.
DEMANGEAT, BATBIE. Suppléants.

Le Candidat répondra en outre aux questions qui lui seront faites sur les autres matières de l'enseignement.

PARIS,
CHARLES DE MOURGUES FRÈRES, SUCCESSEURS DE VINCHON,
IMPRIMEURS DE LA FACULTÉ DE DROIT,
Rue J.-J. Rousseau, 8.

1859.

4627

A LA MÉMOIRE DE MA MÈRE.

A MON PÈRE.

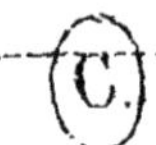

A MON FRÈRE.

DROIT ROMAIN

1. Lorsqu'une succession s'ouvre et que plusieurs personnes sont appelées à la recueillir, elles acquièrent, chacune, des droits de même nature sur la totalité de cette succession et sur chacun des objets qui la composent.

Cette situation de plusieurs personnes ayant des droits communs sur une même chose constitue ce qu'on appelle l'indivision.

2. Mais cette indivision peut-elle exister toujours?

Il est certain que si tous les hommes étaient assez vertueux pour sacrifier leur intérêt particulier à l'intérêt général ; si chacun comprenait le véritable but de la loi du travail imposée à l'homme en vue de sa triple perfection matérielle, intellectuelle et morale, la communauté d'intérêts serait le meilleur état social: car, chacun travaillant, chacun produirait ce qu'il est appelé à produire d'après sa nature, et trouverait ainsi, soit dans son propre travail, soit dans celui des autres, la satisfaction de ses triples besoins.

Mais cet état, qui est celui de la société arrivée à sa perfection idéale, ne convient pas malheureusement aux hommes tels qu'ils sont aujourd'hui, les uns aimant le travail comme la voie, quelquefois pénible à parcourir, mais toujours sûre, qui conduit au bonheur, les autres le détestant comme le pire des maux et cherchant à s'en affranchir par tous les moyens possibles.

La communauté de biens est donc impraticable avec la société actuelle: si elle existait, elle serait la ruine du travail, c'est-à-dire de l'élément essentiel au perfectionnement de la nature humaine et au véritable bonheur de l'individu.

En effet, le travail étant le résultat de l'activité, et l'activité n'existant pas au même degré chez tous les hommes, l'activité de l'un serait, à l'état de communauté, paralysée par l'inertie de l'autre. Il est donc nécessaire et dans l'intérêt de tous que chacun puisse agir librement et d'une manière indépendante sur sa propre chose, en vue de la satisfaction de ses besoins personnels.

La raison, la justice et l'utilité sociale l'exigent. Quoi de plus raisonnable, en effet, et de plus juste, que de faire jouir chaque individu de la valeur qu'il est appelé à donner aux choses par la puissance de sa liberté et de son intelligence! Quoi de plus utile à la société que de favoriser le développement du travail de l'homme !

La division des intérêts est donc nécessaire. Elle est même indispensable non-seulement à la production du travail individuel, mais encore au maintien de la paix publique ; car il est malheureusement trop avéré que l'indivision engendre des luttes et des querelles, même au sein des familles, malgré l'influence des liens du sang : « *propinquorum discordias materia communionis exstare solet,* » disait Papinien, loi 77, § 20, *de legatis*, 2.

Voilà pourquoi les législateurs anciens et modernes, s'inspirant des leçons de l'observation et de l'expérience, ont admis, en principe, que nul n'était tenu de rester dans l'indivision (loi 5, *com. divid.*, Code, art. 815, Code Nap.).

3. Mais si l'état obligé de communauté est désastreux, et pour la société et pour l'individu, à cause de la différence des goûts, des besoins

et des caractères, l'association volontaire peut produire de larges et intelligentes exploitations, et accroître, d'une manière indéfinie, la fortune privée et par suite la fortune publique.

C'est ce qu'ont compris les mêmes législateurs en permettant les conventions tendant à maintenir l'état d'indivision, mais toutefois dans des limites raisonnables (loi 14, § 2, *com. divid.*, Dig.; art. 815, C. N.).

4. Il y avait en droit romain, comme il y a en droit français, deux espèces de partage, le partage amiable et le partage judiciaire.

La convention du partage amiable n'était pas obligatoire par elle-même ; elle ne faisait obstacle à la demande d'un partage judiciaire que lorsqu'il y avait eu exécution, c'est-à-dire tradition réciproque entre les copartageants, ou adjonction d'une stipulation au pacte de partage (lois 15, *fam. ercisc.*, et 8, *com. utr. jud.*, Code).

Il n'était pas nécessaire que le partage fût constaté par écrit; mais il fallait qu'il eût été fait entre majeurs de vingt-cinq ans et capables (loi 12, Code, et 57, Dig., *fam. ercisc.*).

S'il y avait des héritiers impubères, des mineurs de vingt-cinq ans ou autres incapables, ou si les parties, quoique toutes capables, n'étaient pas d'accord, il fallait nécessairement recourir au partage judiciaire.

DU PARTAGE JUDICIAIRE

OU

DE L'ACTION *FAMILIÆ ERCISCUNDÆ*.

CHAPITRE Ier.

DÉFINITION. — ORIGINE ET CARACTÈRES DE L'ACTION FAMILIÆ ERCISCUNDÆ. — CAS DANS LESQUELS SE DONNAIT L'ACTION FAMILIÆ ERCISCUNDÆ.

5. L'action par laquelle les cohéritiers provoquaient en justice le partage d'une succession avait reçu, en droit romain, le nom d'action *familiæ erciscundæ*, de *erciscere*, vieux mot pris pour *dividere*, et de *familia*, synonyme de *hereditas*.

Elle venait de la loi des Douze Tables et ne s'appliquait primitivement qu'au partage des biens composant les successions testamentaires ou *ab intestat*.

Cette action avait plusieurs caractères principaux :

6. 1° *Elle était double*. — C'est-à-dire que chaque partie jouait à la fois le rôle de deman-

deur et celui de défendeur « *in familiæ erciscundæ judicio unus quisque heredum, rei et actoris partes sustinet,* » dit Ulpien (loi 2, § 3, h. t.). Par suite, chaque partie était tenue d'accomplir toutes les obligations auxquelles chacune de ces qualités astreignait les plaideurs. Ainsi elle devait prêter un double serment : l'un *non calumniæ causa in litem intendere*, à titre de demandeur, et l'autre *non calumniæ causa ad inficias ire,* à titre de défendeur (loi 44, § 4, h. t., Dig.).

On appelait *actor* (demandeur) celui des héritiers qui intentait, le premier, l'action *fam. ercisc.* Si plusieurs l'avaient intentée, on tirait au sort pour savoir quel était celui qui devait jouer ce rôle (loi 2, § 1, *com. divid.*, lois 13 et 14, *de judiciis*, Dig.).

On ne voit pas trop quelle était l'utilité de cette désignation donnée à l'une des parties dans une action double ; peut-être celui qu'on appelle *actor* avait-il une certaine direction du débat.

7. 2° *Elle était personnelle.* — Son but, en effet, n'était pas de faire constater un état de choses préexistant, ce qui est le caractère des actions réelles ; mais de créer un état de choses nouveau, ce qui était le but de l'action personnelle.

L'*intentio* de la formule de cette action devait être « *quidquid dare facere oportet*, » caractère de l'intentio des actions personnelles (Gaius, com. 4, § 41) (1).

L'action *fam. ercisc.* était certainement personnelle pour les prestations (loi 22, § 4, h. t.).

Elle ne l'était pas moins pour les adjudications ; car elles tendaient à faire acquérir à chacun des héritiers un droit absolu de propriété sur les choses comprises en leurs lots respectifs, situation qui n'existait pas avant le partage, puisque chaque héritier n'avait qu'un droit indivis de copropriété sur chacune des molécules du tout commun.

Ce caractère de personnalité de l'action *fam. ercisc.* se trouve d'ailleurs formellement exprimé dans la loi 1, § 1, au Code, *de annali exceptione* (arg. loi 1, *finium regundorum*, Dig.).

L'action *fam. ercisc.* était donc personnelle. Mais alors comment expliquer le § 20, *de actionibus*, Inst., l. 4, t. 6, « quædam actiones mixtam

---

(1) Je suis disposé à croire que la formule générale devait être ainsi rédigée : « Titius judex esto : quod inter Aulum « Agerium et Numeridium Negedium familia erciscunda est, « qua de re agitur, quidquid paret ob eam rem N. Negidium « A. Agerio et A. Agerium N. Negidio dare facere oportere « in tantum judex condemna; si non paret, absolvito ; quan- « tumve adjudicari oportet judex A. Agerio et N. Negidio « adjudicato. »

» causam habere videntur tam in rem quam » in personam qualis est familiæ erciscun- » dæ, etc. ? »

On a beaucoup discuté sur ce point. Les anciens docteurs, prenant à la lettre le texte des Instituts, pensaient que les trois actions divisoires étaient mixtes, c'est-à-dire qu'elles contenaient à la fois, et la *vindicatio* d'un droit réel et des réclamations toutes personnelles (1).

Cette interprétation est inadmissible. Ecartons les prestations personnelles pour lesquelles il ne peut y avoir de doute possible (loi 22, § 4, précitée), et voyons si l'action *fam. ercisc.* tend à la *vindicatio* d'un droit réel.

Et d'abord, que fait celui qui agit par la *rei vindicatio?* Il prétend qu'il a un droit absolu, exclusif, à la propriété de tel objet, corps certain, abstraction faite de toute autre personne et indépendamment de toute obligation, ou, tout au moins, qu'il a un droit indéterminé sur une chose, ce qui est l'objet de la *rei vindicatio incertæ partis,* d'ailleurs très-rare dans la pratique.

Est-ce là le rôle que joue dans l'action *fam. ercisc.* l'héritier qui demande le partage d'une

---

(1) Doneau, de Judiciis divisoriis; ch. 12, n° 20. — Cujas, ad leg. 1, fin. reg., et Pothier.

hérédité? Revendique-t-il dans l'hérédité tel objet déterminé comme étant sa propriété exclusive? Non. Conteste-t-il le droit de son cohéritier? Pas davantage; cette contestation ferait l'objet de la *petitio hereditatis*. Que demande-t-il donc? Il demande, en vertu du quasi-contrat d'indivision, que l'état de copropriété existant entre lui et ses cohéritiers cesse; que son droit indivis et indéterminé dans la masse héréditaire, soit déterminé à certains objets de cette masse. Or, comme ce droit indivis existe au profit de tous sur chaque partie du tout commun, il faut, pour arriver à la détermination des parts divises, qu'il y ait entre les cohéritiers des aliénations réciproques; cela est certain (loi 20, § 3, h. t.; loi 6, § 8, *com. divid.*; loi 77, § 18, *de leg.* 2, Dig.; loi 1, au Code, *com. utr. jud.*). L'action *fam. ercisc.* tend donc « *ad aliquid dandum faciendum prestandumve*, » caractère essentiel du droit personnel, et, par conséquent, de l'action personnelle.

Mais alors que signifient donc les mots : *tam in rem quam in personam*?

Je pense qu'ils signifient simplement que, dans les actions divisoires, le juge a un double pouvoir, et sur les personnes, et sur les choses : sur les choses, pour les adjuger; sur les personnes, pour les condamner ou les absoudre les unes envers les autres, en vue de l'égalité du partage.

Quelle est, en effet, la position véritable?

En droit romain, comme chez nous, ce n'est qu'à défaut de partage amiable qu'on procède au partage judiciaire d'une hérédité. Or, dans les partages amiables, les parties sont évidemment obligées, pour transformer la propriété collective en propriété individuelle, de se conférer mutuellement la propriété des parts indivises qu'elles ont, dans l'état d'indivision, sur chaque partie du tout commun, et de s'obliger à des prestations personnelles pour établir l'égalité. Il y a entre elles des rapports, des prélèvements, des comptes à faire, des compensations à établir. Eh bien, ce que les parties font elles-mêmes dans les partages amiables, c'est précisément là l'objet de la mission du juge dans les partages judiciaires, lorsque la volonté d'un seul est substituée à la volonté impuissante ou résistante de plusieurs.

8. 3° *Elle était de bonne foi* (Inst. de Justinien, 4, 6, § 28, arg.; loi 4, § 2, *com. divid*).

9. 4° *Elle ne pouvait être intentée qu'une seule fois* entre les mêmes personnes pour une même succession (loi 20, § 4, h. t.), à moins qu'il n'y eût un juste motif d'annuler le premier partage et de remettre les choses dans l'état

où elles étaient auparavant (loi 7, *de in integr. restit.*, Dig.; loi 8, *de collationibus*, Code).

En conséquence, s'il était resté quelques objets indivis, soit que les parties ne les connussent pas au moment du partage, ou qu'elles eussent oublié de les déclarer au juge, soit que ce dernier les eût omis dans ses adjudications, on ne pouvait plus les partager par l'action *fam. ercisc.* qui était l'action en partage des universalités héréditaires ; mais il fallait, dès lors, avoir recours à l'action *communi dividundo*, laquelle était particulièrement l'action en partage des choses particulières, et pouvait être renouvelée autant de fois qu'il y en avait à partager (loi 20, § 4, h. t.; loi 4, § 2, *com. divid.*, Dig.).

Mais l'action *fam. ercisc.* qui, ainsi qu'on vient de le voir, ne pouvait être renouvelée, pouvait-elle être intentée, pour la première fois, pour le partage des objets restés indivis après la division amiable de la totalité ou de la majeure partie de l'hérédité ?

Doneau admet l'affirmative en cas de partage partiel, parce que, dit-il, les héritiers n'ont pas eu l'intention de diviser l'hérédité, autrement ils l'auraient divisée en totalité ; mais il se prononce pour la négative, au cas de partage total, car alors l'intention des parties a été, ajoute-il, de diviser toute l'hérédité (Doneau, *de judiciis divisoriis*, ch. 5, n° 3).

Cujas soutient l'affirmative dans tous les cas, et s'appuie sur la loi 1 au Code, *fam. ercisc.*, qui ne distingue pas (Cujas, *ad legem* 25, § 20, h. t. Dig.).

Je suis de l'avis de Cujas ; mais à la condition, bien entendu, comme l'exprime la loi précitée, que ce partage amiable, total ou partiel, n'ait pas été confirmé par une sentence, ou suivi d'une transaction.

C'est pourquoi, si le partage amiable total où partiel avait été confirmé par le juge ou le président de la province, ou s'il avait été suivi d'une transaction entre héritiers capables, il n'y avait plus lieu, pour les objets restés indivis, à l'action *fam. ercisc.*, mais à l'action *com. divid.*; et dès lors les lois 20, § 4, au Dig. et 1 au Code, précitées, se concilient parfaitement bien.

10. L'action *fam. ercisc.* n'était donnée, dans l'origine, ainsi que je l'ai dit, que pour les partages des successions testamentaires ou *ab intestat*.

Mais elle fut étendue avec le temps, soit comme action directe, soit comme action utile à tous les cas où il y avait une universalité de biens héréditaires à partager.

Ainsi, elle s'appliquait, comme action directe, aux successions ouvertes en vertu de lois récentes, telles que les sénatus-consultes Orphitien et Tertullien et les Constitutions; et, comme action utile, aux possesseurs de biens et à l'héritier fidéicommissaire (lois 2, 24 et 40, h. t., Dig.).

L'action utile fut même accordée à l'adrogé *impubère*, *émancipé ou exhérédé sans cause*, pour obtenir la quarte que lui donnait la constitution d'Antonin, quoiqu'il ne fût ni héritier ni possesseur de biens (loi 2, h. t., précitée).

11. Et, en général, dit Ulpien, on ne peut partager que les choses pour lesquelles on peut intenter la *petitio hereditatis*. « Et generaliter « eorum duntaxat dividi hereditas potest quo- « rum peti potest hereditas » (loi 2, h. t.).

Mais cela n'est vrai que d'une manière générale, c'est-à-dire en ce sens que l'action *fam. ercisc.* n'est applicable qu'aux universalités de biens qui peuvent faire l'objet de l'action en pétition d'hérédité (1); car si nous descendons dans le détail des choses qui composent une universalité, nous en trouvons qui font

(1) Il est cependant un cas où l'action *fam. ercisc.* était accordée, et où la *petitio hereditatis* ne l'était pas ; je veux parler de l'adrogé impubère, exhérédé ou émancipé, car il n'était ni héritier ni possesseur de biens, comme je l'ai déjà dit, mais plutôt créancier.

l'objet de la *petitio hereditatis*, et qui ne viennent pas dans l'action en partage, les créances héréditaires, par exemple (1); et réciproquement nous rencontrons des choses qui font l'objet de l'action en partage, et qui ne peuvent être poursuivies par la pétition d'hérédité, telles sont les choses dont l'usucapion, commencée par le défunt, a été complétée par les héritiers (2); tandis que ces choses sont comprises dans l'action en partage, parce qu'il suffit, pour qu'il en soit ainsi, que l'origine du droit remonte au défunt (loi 9, h. t.).

12. Pour intenter l'action *fam. ercisc.*, il fallait donc agir en qualité d'héritier, *quasi heres;* la première chose à faire était, par conséquent, d'établir cette qualité si elle était contestée.

Ce but était atteint par la *petitio hereditatis*. Cette action se donnait à celui qui ne possédait

---

(1) Lois 51, § 1, h. t., 13 et 15, *de petit. hered.*, Dig.— Il ne suffit pas, en effet, qu'une chose soit héréditaire, mais il faut de plus qu'elle soit commune pour pouvoir faire l'objet de l'action *fam. ercisc.;* or, les créances se divisent de plein droit (loi 6, h. t., Code); tandis que pour la *petitio hereditatis*, il suffit qu'elle soit héréditaire.

(2) Si l'héritier a perdu la possession de la chose usucapée par lui, il doit en poursuivre le recouvrement par la *rei vindicatio* (loi 19, § 1, *de petit. hered.*).

pas, contre un possesseur qui se disait lui-même héritier, ou qui n'avait d'autre motif de sa possession que sa possession elle-même : « Pos-« sideo quia possideo » (lois 11 et 12, *de petit. hered.*, Dig.).

13. Mais alors l'action *fam. ercisc.* et la *petitio hereditatis* sont donc deux choses essentiellement distinctes ; et la première n'est admissible qu'autant que la seconde n'a pas été intentée ou a été jugée préalablement?

Oui, le plus souvent, mais non toujours, comme on va le voir.

En effet, l'action *fam. ercisc.*, à la différence de la *petitio hereditatis*, est accordée et à celui qui possède et à celui qui ne possède pas l'hérédité. Or, supposons une action en partage intentée par *Primus* contre *Secundus*. *Secundus*, défendeur, conteste le titre d'héritier de *Primus*. Il s'agit là d'une question principale à juger : le demandeur *Primus* est-il héritier ? Qui sera appelé à statuer? Il faut distinguer : ou *Primus*, demandeur, possède, ou il ne possède pas. S'il ne possède pas et que *Secundus* possède, ce dernier fera insérer en tête de la formule de l'action *fam. ercisc.* la *præscriptio* (plus tard l'exception). « Ea res agatur si modo præjudi-« cium hereditati non fiat » (Gaius, Com. 4, § 133); et l'action en partage restera en suspens jusqu'à ce que la question de savoir si

Primus est héritier soit vidée par le juge de la *petitio hereditatis*. Si, au contraire, *Primus* possède, *Secundus* ne pourra plus faire insérer la *præscriptio* « ea res,etc.; » mais le juge de l'action *fam. ercisc.* connaîtra lui-même de la difficulté soulevée, parce que la *petitio hereditatis* ne se donne qu'à celui qui ne possède pas contre celui qui possède (loi 1, § 1, h. t., Dig.).

Ce dernier cas excepté, la *petitio hereditatis* tient toujours l'action *fam. ercisc.* en suspens.

14. Ces deux actions sont donc distinctes et ont un but tout-à-fait différent, et par suite ne peuvent se poursuivre en même temps.

Il y a cependant un texte qui semble les faire marcher de front. C'est la loi 51, § 1, h. t., Dig. : « *Si ego a te hereditatem petere vellem, tu a me* « *familiæ erciscundæ agere, etc.* » Mais il est aisé de voir que dans ce texte le jurisconsulte Julien n'a fait qu'établir une des nombreuses différences existant entre ces deux actions. Il n'y a, en effet, aucune contestation entre les deux héritiers sur leur qualité héréditaire; ils sont prêts l'un et l'autre à répondre à l'action en partage. Mais, comme le dit le texte, il y a des choses qui viennent dans l'action en pétition d'hérédité et qui ne font pas l'objet de l'action *fam. ercisc.* : telles sont les créances de la succession contre l'un des héritiers. En effet, ces créances ne peuvent faire l'objet de l'action *fam. ercisc.*, parce qu'elles sont divisées de plein droit, et leur payement peut en être poursuivi par la *petitio hereditatis*, parce qu'elles sont héréditaires.

15. L'action *fam.. ercisc.* pouvait être intentée par un seul héritier malgré les autres (loi 43, h. t., Dig.; loi 5, *com. divid.*, Code). Le partage pouvait même être effectué entre quelques-uns des héritiers seulement (loi 2, § 4, h. t.; loi 8, *com. divid.*, Dig.).

Mais quand les choses s'étaient ainsi passées, ceux qui avaient été étrangers à l'instance en partage conservaient leurs droits de copropriété sur tous les objets héréditaires, et pouvaient intenter à leur tour l'action *fam. ercisc.* (loi 17, h. t., Code). On ne voit donc pas trop où pouvait conduire une pareille opération puisque le partage n'était pas définitif.

16. Si les mêmes personnes avaient plusieurs successions en commun qui leur étaient échues à différents titres, elles pouvaient former la demande en partage, soit par une seule et même action, soit par autant d'actions différentes qu'il y avait de successions à partager (loi 25, § 3 et 5, h. t., Dig.).

Si deux successions étaient communes en vertu d'une même cause ou de causes différentes, l'une entre *Primus* et *Secundus*, l'autre entre *Primus*, *Secundus* et *Tertius*, *Primus* et

Secundus pouvaient demander le partage de ces deux successions par une même action (loi 25, § 4, h. t.).

Les lois romaines avaient admis la réunion de plusieurs actions en une seule, parce que le plus souvent les hérédités avaient une origine commune, parce qu'on pouvait arriver ainsi plus facilement à une liquidation définitive ; et probablement aussi pour éviter les frais judiciaires que plusieurs instances devaient nécessairement entraîner.

CHAPITRE II.

DE L'OBJET DE L'ACTION FAMILIÆ ERCISCUNDÆ. — BIENS A PARTAGER. — PRÉLÈVEMENTS. — PRESTATIONS. — ADJUDICATIONS ET CONDAMNATIONS.

17. L'action *fam. ercisc.* avait pour objet la liquidation d'une universalité de biens héréditaires.

En conséquence, une fois l'action en partage intentée, le juge avait non-seulement à s'occuper de la division des choses, mais encore des différentes autres circonstances qui pourraient modifier les résultats du partage, et étaient autant d'éléments de compte pour la liquidation générale. Ainsi, il surveillait les rapports de biens lorsqu'il y avait lieu ; il dirigeait les prélèvements tout en opérant la retenue de la loi Falcidie et en conservant intacte la légitime des enfants; il réglait les différentes prestations existant entre héritiers ; en un mot, la juridiction du juge embrassait toutes les relations des héritiers entre eux.

18. Je diviserai cette matière en quatre sections.

Dans la première, j'examinerai quelles étaient les choses qui venaient dans l'action *fam. erc. erc.* pour être partagées ;

Dans la deuxième, quelles étaient celles qui devaient être prélevées;

Dans la troisième, en quoi consistaient les prestations;

Enfin, dans la quatrième, je traiterai des pouvoirs du juge de l'action *fam. erciscundæ*.

SECTION Ire.

Biens à partager.

19. Le partage des biens entre les héritiers était l'objet principal et vraiment important de l'action *fam. ercisc.* En effet, on ne pouvait recourir à l'action *fam. ercisc.* qu'autant qu'il y avait des choses à partager (loi 9, *com. utr. jud.*, Code).

Il faut donc soigneusement déterminer quels étaient les biens susceptibles de division.

Ces biens étaient, en principe, ceux qui se trouvaient à la fois *héréditaires* et *communs* pour la totalité entre cohéritiers (loi précitée, loi 54, h. t., Dig.).

20. Il y en avait de quatre sortes :

1° Les biens dont le défunt avait la propriété *ex jure Quiritium* au jour de son décès ;

2° Ceux qu'il n'avait qu'*in bonis* à la même époque ;

3° Les droits prétoriens analogues à la propriété et aux servitudes appartenant à cette époque au défunt ;

4° Enfin, les biens qui n'avaient jamais appartenu directement au défunt, mais qui néanmoins dépendaient de sa succession comme étant venus s'y joindre à l'occasion de l'hérédité *ex bonis hereditatis*.

§ 1er. — Biens dont le défunt avait la propriété au jour de son décès.

21. Tous les biens meubles et immeubles, corporels et incorporels dont le défunt avait la propriété, *ex jure Quiritium*, au jour de son décès, faisaient partie, en principe, de la masse à partager.

Dans ces biens étaient compris : les pécules profectices des fils de famille (lois 13, h.t., et 12, *de collationibus*, Code); les biens meubles et immeubles se trouvant au pouvoir de l'ennemi, à cause du *postliminium* (lois 22 et 23, h. t., Dig.); les animaux domestiques enlevés et tués par une bête féroce tant qu'ils n'avaient pas été été consommés par elle (loi 8, § 2, h. t., Dig.); enfin, les biens légués ou les esclaves affranchis sous une condition suspensive (loi 12, § 2, h. t.).

En étaient cependant exceptés :

Les créances héréditaires actives et passives qui, d'après la loi des Douze Tables, se divisaient de plein droit (loi 6, h. t., Code) (1).

Les objets nuisibles et dangereux, comme les poisons et les mauvais livres que le juge devait détruire (loi 4, § 1, h. t.).

---

(1) En sorte que chaque héritier ne pouvait agir ni être actionné que pour sa part héréditaire. Cependant, si les héritiers avaient modifié cette situation par des stipulations réciproques, le préteur devait les sanctionner. Le juge pouvait même, dans certains cas, mettre la poursuite ou le payement des créances et des dettes à la charge d'un seul des héritiers ; mais ce n'était là ni une adjudication ni une condamnation, mais une simple attribution (loi 3, h. t.), admise par la pratique et organisée, au moyen du mandat, pour éviter le morcellement légal des créances. En effet, on ne pouvait, dans aucun cas, faire que l'un des héritiers fût, aux yeux du droit civil, créancier ou débiteur pour le tout.

Le droit de succession aux biens des esclaves affranchis entre vifs ou par testament par le *de cujus* (loi 41, h. t., et loi 24, *de jure patronatus*, Dig.).

Les titres héréditaires de propriété ou de créance, le testament du défunt (lois 4, § 3 et 5, h. t.).

Les choses indivisibles par leur nature comme les servitudes actives et passives (loi 25, § 9 et 10, h. t., et loi 19, *com. divid.*, Dig.).

Les lieux sacrés ou religieux.

Les choses qui n'étaient pas héréditaires en totalité (lois 25, § 6 et 54, h. t.).

Les biens faisant l'objet des diverses espèces de prélèvements.

§ 2. — Biens que le défunt n'avait qu'*in bonis*.

22. La masse partageable comprenait non-seulement les choses dont le défunt avait eu la propriété *ex jure Quiritium*, mais encore celles qu'il n'avait eu qu'*in bonis* : telles étaient les choses *mancipi* que le défunt avait reçues du véritable propriétaire avec l'intention d'en acquérir la propriété, mais par un mode autre que ceux qui faisaient acquérir le *dominium ex jure Quiritium* de ces choses.

§ 3. — Droits prétoriens analogues à la propriété et aux servitudes.

23. On comprenait encore dans l'action en partage certains droits analogues à la propriété et aux servitudes, et constituant, pour ainsi dire, une propriété prétorienne. Tels étaient : la *superficies* et l'*ager vectigalis*, et plus tard l'*ager emphyteuticarius*.

§ 4.—Choses provenant des biens de l'hérédité et n'ayant pas appartenu au défunt.

24. La division entre cohéritiers s'appliquait encore aux biens acquis à l'occasion de l'hérédité *ex bonis hereditatis* jusqu'au moment du partage. Tels étaient le part des esclaves et les produits des animaux (lois 11 et 12, pr., h. t., Dig.); l'alluvion (loi 16, § 3, Cod.); les choses acquises par les héritiers en vertu d'une cause préexistante dans la personne du défunt, tels que les biens provenant du partage d'un fonds dans lequel le défunt avait une part indivise (lois 52, pr., h. t., 7, § 13, *com. divid.*, Dig.), et les biens achetés par le défunt, mais dont la tradition n'avait été faite qu'aux héritiers ou ceux dont l'usucapion n'avait été complétée

que par eux (1); enfin les biens acquis par les esclaves héréditaires (2).

25. Indépendamment des choses héréditaires et communes, il y en avait encore d'autres qui n'étaient ni héréditaires ni communes et qui venaient cependant dans l'action *fam. ercisc.* pour être adjugées, parce que le défunt et, par suite, ses héritiers en étaient responsables. Telles sont les choses données en gage, en commodat ou en dépôt au défunt (loi 19, *de pet. hered.*, Dig.).

26. Il pouvait y avoir encore, dans certains cas, des biens dont le juge de l'action *fam. ercisc.* avait à s'occuper, soit pour les diviser,

---

(1) J'ai déjà fait remarquer que ces biens, qui n'étaient pas héréditaires au point de vue de l'action en pétition d'hérédité, l'étaient néanmoins au point de vue de l'action *fam. ercisc.*

(2) En effet, lorsque le maître était décédé, les esclaves acquéraient pour l'hérédité jacente, et par suite pour les héritiers futurs qui profitaient des acquisitions, mais seulement indirectement. Les esclaves héréditaires acquéraient du chef du défunt, comme si ce dernier n'avait pas cessé de vivre, d'après ce principe que l'hérédité représente le défunt : « hereditas in plerisque personam defuncti sustinet » (Inst., l. 3, t. 18, pr.).

Il y avait cependant des distinctions importantes à faire : ainsi, l'esclave héréditaire pouvait bien être institué héritier si le testateur avait eu faction de testament avec le défunt (Inst., l. 2, t. 14, § 2); mais il ne pouvait faire adition d'hé-

soit pour prendre certaines mesures spéciales; je veux parler du rapport des biens (*collatio bonorum*).

La *collatio bonorum* a sa base dans l'égalité du partage. Elle a commencé dans la pratique de l'admission des enfants émancipés à la succession de leur père, de laquelle ils étaient exclus par la loi des Douze Tables (Inst., l. 3, t. 1). En effet, les enfants émancipés, venant au moyen de la possession *unde liberi* partager les biens héréditaires par égales portions avec les héritiers siens, leur enlevaient une partie

---

rédité que lorsqu'il en avait reçu l'ordre du successeur de son maître (loi 61, *de acquirendo rerum dominio*).

Ainsi encore, l'esclave héréditaire ne pouvait acquérir le droit d'usufruit par stipulation même conditionnelle, car l'usufruit avait besoin, pour être constitué, d'une personne déterminée qui pût matériellement jouir par elle-même au moment où la stipulation était formée (loi 26, *de stipulationibus servorum*, Dig.). Or, il n'y avait personne sur la tête de laquelle cet usufruit pût se reposer. En effet, l'esclave ne pouvait pas acquérir pour lui-même; le défunt n'existait plus, et l'héritier n'ayant pas fait adition d'hérédité n'existait pas encore aux yeux de la loi. Mais lorsque l'usufruit avait été légué à l'esclave, le moment où le droit se fixait étant alors celui de l'adition de l'hérédité chargée du legs, cet usufruit pouvait être valablement acquis si, à l'époque de cette adition, l'hérédité à laquelle appartenait l'esclave avait elle-même été acceptée; car il y avait dès lors une personne sur la tête de laquelle l'usufruit pouvait se reposer, l'héritier.

des biens paternels que ces mêmes héritiers siens avaient acquis au père commun sous la puissance duquel ils étaient toujours restés (Gaius, Com. 2, § 87; Inst., l. 2, t. 9, § 1); tandis que ces derniers n'avaient point profité des acquisitions faites par les émancipés. Il était donc juste que ceux-ci remissent dans la masse héréditaire tous les biens qu'ils auraient acquis au père commun, d'après les lois, si l'émancipation n'avait pas eu lieu.

La fille venant au partage des biens de la succession de son père était également tenue de rapporter la dot qui lui avait été donnée ou seulement promise, dot adventice et dot profectice sous les jurisconsultes, et dot profectice seulement sous Justinien.

La *collatio bonorum* n'avait lieu que dans les successions *ab intestat*. Elle n'avait jamais lieu, en principe, dans les successions testamentaires, du moins avant Justinien, sauf volonté contraire du testateur. Justinien, par la Novelle 18, chap. 6, décida que le rapport aurait lieu de plein droit, même en cas de succession testamentaire, sauf volonté contraire du défunt expressément manifestée.

Cette différence entre les successions testamentaires et les successions *ab intestat*, au point de vue du rapport, tenait à ce que, lorsque les enfants venaient à la succession du père qui avait fait un testament, ils y venaient, non comme enfants, mais comme étrangers; car, tout étranger pouvait venir à l'hérédité s'il y était appelé. Or, il n'y avait entre étrangers aucune raison pour rétablir l'égalité par voie de rapport. Dans les successions *ab intestat*, au contraire, les enfants venaient à l'hérédité comme enfants, par un droit propre, un droit de fraternité entre eux. La communauté d'intérêts, basée sur la communauté d'origine, était donc la grande raison du rapport des biens.

Dans les successions *ab intestat* le rapport était dû, en principe, sauf volonté contraire du défunt.

Cette manifestation de volonté pouvait être expresse ou tacite.

Certaines circonstances pouvaient être suffisantes pour qu'on vit chez le père l'intention tacite de dispenser sa fille du rapport. La loi 39, § 1, de notre titre, nous en offre un exemple.

Le rapport se faisait, soit en nature, soit en moins prenant, soit au moyen de cautions: ce dernier mode est le seul indiqué par l'édit du préteur (*Fragm. edict. perpet.*, l. 37, t. 6 et 7; lois 1, § 9 et 3, pr., *de collationibus*, au Digeste).

SECTION II.

Prélèvement.

27. Prélever, c'est distraire de la masse générale de l'hérédité certains biens qui ne doivent pas en faire partie quant au partage.

Appliquée aux libéralités faites par le défunt à l'un de ses héritiers, cette distraction prend le nom de prélèvement; appliquée aux libéralités faites aux étrangers, elle se nomme délivrance.

Il y a trois classes de prélèvements:

Le prélèvement ayant sa cause dans la volonté expresse ou tacite du défunt;

Le prélèvement ayant sa cause dans les obligations héréditaires, à l'exécution desquelles l'un des héritiers est personnellement tenu;

Enfin, le prélèvement ayant sa cause dans ce principe que l'émolument suit les charges.

§ 1er. — Prélèvement ayant sa cause dans la volonté expresse ou tacite du défunt.

28. A Rome, le citoyen pouvait, de tous temps par testament, et par codicille, depuis une certaine époque de la jurisprudence ro-

maine, faire telles dispositions particulières qu'il lui plaisait, au profit de toutes personnes, en se conformant toutefois aux lois et aux bonnes mœurs.

Ces dispositions, illimitées dans l'origine, furent restreintes, par la loi Falcidie, pour les legs; et, par les sénatus-consultes Pégasien et Trébellien, pour les fidéicommis.

Or, les biens dont le défunt avait ainsi disposé ne faisant plus partie de la masse à partager, il devenait, dès lors, nécessaire d'en faire la distraction ou prélèvement avant de procéder au partage.

On comprenait dans ce prélèvement non-seulement les biens légués à l'héritier, mais encore ceux légués à des tiers lorsqu'un des héritiers était nommément chargé d'en faire la délivrance.

29. On trouve des exemples de prélèvement exprès dans les lois 4, pr.; 8, pr.; 20, § 8 et 9; 25, § 22; 26; 28 et 42, h. t., Dig.

Ainsi, s'il s'agit d'un legs de somme et que cette somme existe dans la succession, l'héritier légataire la prélèvera.

Si cette somme ne se trouve pas dans la succession, Paul décide que les cohéritiers du légataire doivent s'obliger à la lui fournir, chacun dans la proportion de sa part héréditaire (loi 25, § 22, h. t.); mais Gaius pense qu'il convient que le juge fasse vendre un ou plusieurs objets de la succession et compte au légataire le montant de son legs.

Si l'objet légué est un corps certain hypothéqué à un créancier héréditaire, le juge devra le dégager avec l'argent de la succession, soit que le testateur ait su, soit qu'il ait ignoré, en faisant le legs, que la chose était grevée (loi 28, h. t.); car, à la différence des cas où le legs est fait à un étranger (Inst., L. 2, t. 20, § 5), il n'y a aucune distinction à faire lorsque le légataire est un des héritiers, à cause de la présomption d'affection existant entre le défunt et son héritier (loi 10, *de legatis*, et loi 6, *de fideicommissis*, Code).

De même, l'héritier chargé par le défunt de restituer la dot de la femme du testateur, peut, s'il a payé cette dot, prélever le legs fait à la veuve pour lui en tenir lieu (loi 20, § 8, h. t.).

Papinien, auteur de la solution qui précède, décide également que l'héritier ne doit pas compte à ses cohéritiers de la somme qu'il a reçue, en vertu de la volonté du défunt, sur le pécule d'un esclave, affranchi sous la condition de payer cette somme (§ 9).

30. Justinien nous offre un exemple de prélèvement tacite dans la loi 12 au Code, *com. utr. jud.*

Cet empereur suppose que les biens donnés par un père à son fils, à titre de donation *ante nuptias,* ou à sa fille, à titre de dot, ou même par un étranger aux mêmes personnes et pour les mêmes causes, ont fait retour au patrimoine du père, soit en vertu de clauses expresses, soit en vertu de la loi ; et qu'ensuite ce père a fait un testament au profit de ses enfants ou au profit d'étrangers, sans avoir toutefois disposé des choses ainsi retournées. Distinguant, dès lors, entre l'hypothèse où le testateur a institué des étrangers et celle où il a institué ses enfants (au nombre desquels il s'en trouve d'autres ayant reçu de lui, à titre de donation *ante nuptias,* de dot, ou pour cause de milice, des biens qu'ils ne sont pas obligés de rapporter par suite de l'existence du testament), Justinien décide, d'après l'équité, que, dans un cas, les enfants privés des biens retournés dans le patrimoine du père, pourront les prélever jusqu'à concurrence de la valeur de ceux que leurs frères et sœurs ont reçus ; et pour la totalité, dans l'autre cas, c'est-à-dire lorsque le testateur a institué des étrangers.

§ 2. — Prélèvement ayant sa cause dans les obligations héréditaires à l'exécution desquelles un des héritiers est personnellement tenu.

31. Quelquefois au lieu de s'obliger directe-

ment, le père de famille donnait l'ordre (*jussus*) à son fils, qu'il avait sous sa puissance, ou à son esclave, de contracter avec un tiers. Alors, le père de famille se trouvait obligé indirectement, du moins d'après le droit prétorien, de la même manière que s'il avait contracté lui-même directement l'engagement. Mais, comme le fils pouvait s'obliger civilement, le créancier se trouvait avoir deux débiteurs : le père de famille et le fils de famille.

32. Le père, c'est-à-dire le véritable débiteur, mort, le fils restait seul débiteur pour le tout vis-à-vis du créancier.

De là, les secours accordés par la loi au fils :

1° Dans le prélèvement sur la masse héréditaire, du montant de l'obligation en capital et intérêts, si cette obligation subsistait encore au moment du partage ;

2° Dans le recours, si l'obligation avait été acquittée avant cette époque, qu'il avait, comme on le verra plus loin, par l'action *fam. ercisc.*, contre chacun de ses cohéritiers.

33. Si le fils de famille, préposé à un pécule, avait contracté une dette, il était obligé civilement vis-à-vis du tiers. Le père de famille, lui aussi, était obligé (car en confiant un pécule à son fils, il était censé lui avoir donné l'autorisation générale de contracter), mais seulement, d'après le droit prétorien, dans les limi-

tes du profit qu'il avait retiré des obligations du fils (*de in rem verso*), ou jusqu'à concurrence du pécule (*de peculio*). En conséquence, si l'obligation qu'il avait contractée n'était pas encore acquittée au moment du partage, le fils de famille pouvait agir *de in rem verso* ou *de peculio*, par voie de prélèvement, contre la succession du père, ou prélever le pécule en entier s'il était inférieur au montant de la dette (loi 20, § 1, h. t., Dig.).

34. Le fils prélevait encore la somme dont il était resté reliquataire envers l'État, par suite de l'exercice d'une fonction publique que son père lui avait fait obtenir, soit que la dette eût été contractée du vivant ou seulement après le décès du père; car ces dettes étaient héréditaires (loi 20, § 6 et 7, h. t.). Mais il ne pouvait, bien entendu, rien réclamer à la succession, s'il n'était entré en fonctions qu'après la mort du père, à moins qu'il ne fût en société de tous biens avec ses cohéritiers (loi 39, § 3, h. t., Dig.).

Tel était encore le cas prévu par la loi 25, § 19, h. t.

35. En un mot, le fils pouvait prélever le montant de toutes les obligations par lui contractées, et dont le père était débiteur, d'après le droit prétorien, si ces dettes étaient encore dues au moment du partage.

§ 3. — Prélèvement ayant sa cause dans le principe que l'émolument suit les charges.

36. La dot avait une destination spéciale, celle de subvenir aux charges du mariage. Elle devait donc se trouver au pouvoir de celui à qui incombaient ces charges : « *Ibi dos esse debet, ubi onera matrimonii sunt* » (loi 56, § 1, *de jure dotium*, Dig.).

Par conséquent, si le mari est fils de famille, la dot est dans les biens du père de famille; car c'est lui qui pourvoit à l'entretien, non-seulement de son fils, mais encore de sa bru.

Si, au contraire, le fils sort de la puissance de son père, les charges de son mariage le suivant, la dot doit également le suivre.

Ainsi, au décès du père, le fils devenu *sui juris* étant désormais chargé de nourrir sa femme et ses enfants (loi 56, § 2, *de jure dotium*), il a dès lors le droit de prélever, soit la dot de sa femme, soit celles des femmes des enfants qu'il a sous sa puissance (loi 20, § 2, h. t.).

37. Ce prélèvement appartenait, soit au fils héritier, soit au fils exhérédé ; car c'était comme mari qu'il supportait les charges de son mariage, et comme père qu'il était tenu de nourrir ses enfants et ses brus.

Mais il y avait à distinguer, au point de vue de l'action, si le fils faisait ce prélèvement comme héritier ou comme mari : dans le premier cas, ce prélèvement était opéré au moyen de l'action *fam. ercisc.* directe ; dans le second cas, au moyen de l'action *fam. ercisc.* utile (loi 46, h. t.; loi 1, § 9, *de dote prœlegatâ*, Dig.); car l'action *fam. ercisc.* directe n'était accordée qu'à l'héritier agissant en cette qualité, *quasi heres*.

38. Ce prélèvement s'exerçait non-seulement lorsque le père était tenu civilement de la restitution de la dot, parce qu'il s'y était obligé par stipulation ou par la réception de cette dot; mais encore lorsqu'il n'en était tenu que d'après le droit prétorien, parce que la dot avait été livrée au fils lui-même. Il y avait toutefois cette différence, que, dans le premier cas, le prélèvement avait lieu pour la totalité de la dot, tandis que, dans le second, il ne s'exerçait que dans les limites des actions *de peculio* ou *de in rem verso*.

39. Cependant, comme l'obligation contractée par le père, en recevant la dot, de la restituer à la femme, était une dette héréditaire dont les héritiers du père restaient tenus chacun pour leur part, le mari, cohéritier ou exhérédé, devait donner caution de les garan-

tir contre l'action de la femme (loi 20, § 2, h. t., Dig.).

40. Lorsque la dot consistait dans un fonds livré au père, le fils prélevait ce fonds avec les fruits perçus depuis la *litis contestatio* de l'action *fam. ercisc.*, sous la déduction toutefois des dépenses nécessaires (loi 51, pr., h. t.). Il est vrai que cette loi suppose, pour le décider ainsi, que le fils a été institué héritier pour partie, mais je pense avec Cujas (*recitationes in libro* 8, Digest. *Juliani*) qu'on doit admettre la même solution lorsque le fils a été exhérédé, car les fruits sont particulièrement destinés à subvenir aux charges du mariage (loi 7, pr., *de jure dotium*) : or, ces charges sont les mêmes dans l'un et l'autre cas.

Mais les fruits perçus avant la *litis contestatio* appartenaient par égales portions à tous les héritiers (loi 51, pr., précitée).

SECTION III.

Prestations.

41. On entend par prestations les choses non héréditaires que le cohéritier est obligé de fournir à son cohéritier à l'occasion de l'hérédité commune.

Ces prestations ont leur cause dans le quasi-contrat d'indivision et dans les délits et quasi-délits de l'héritier agissant comme héritier.

Elles sont personnelles, c'est-à-dire qu'elles obligent l'héritier personnellement; elles sont, par conséquent, dues par cet héritier, même après la perte de la chose héréditaire (lois 24 et 31, h. t.). Toutefois, on ne donnait, en cas de perte de la chose, qu'une action utile (loi 9, *com. divid.*, Dig.).

Les prestations ont deux sources principales :

La gestion de la chose commune, et le dommage causé à la chose commune.

§ 1er. — Gestion de la chose commune.

42. La gestion des biens de l'hérédité est la principale source des prestations.

Cette gestion constitue au profit de chaque héritier un droit propre et dérivant de l'état d'indivision.

Mais, pour que cette gestion donne ouverture à l'action *fam. ercisc.*, il faut : que le gérant soit héritier, qu'il le sache et qu'il ait agi en cette qualité (loi 49, h. t.), quand même il n'aurait pas fait adition d'hérédité (loi 44, § 3); que cette gestion ait été faite dans l'intérêt commun (loi 14, *com. divid.*, Dig.); enfin, que la nature des choses n'ait pas permis de gérer pour partie (loi 25, § 15, h. t.). Si l'une de ces conditions manque, l'héritier n'a plus qu'une action de gestion d'affaires (loi 6, § 2, *com. divid.*, Dig.).

Peu importe d'ailleurs que l'héritier gérant sache quel est son cohéritier, pourvu qu'il sache qu'il en a un ; mais s'il ignore quel il est, il n'a qu'une action utile (loi 6, pr., *eod.*) ; et s'il se croit seul héritier, il n'a pas d'action, mais un simple droit de rétention (loi 14, § 1, *eod.*).

43. Tout gérant est responsable.

Par suite, l'héritier administrateur doit compte des sommes héréditaires qu'il a touchées, des stipulations qu'il a faites comme héritier, des fruits et revenus qu'il a perçus, des procès qu'il a gagnés (lois 7, pr., 19; 44, § 3; 51, pr., h. t., Dig.); en un mot, il doit communiquer à ses cohéritiers tous les avantages qu'il a retirés de la chose commune, de quelque manière que ce soit.

44. Mais, à côté des devoirs, sont les droits.

En conséquence, l'héritier gérant peut se faire indemniser de toutes les dépenses nécessaires qu'il a faites à l'occasion de la chose commune, c'est-à-dire de celles qui portent en elles-mêmes leur cause de nécessité (Inst.,

l. 3, t. 27, §§ 3 et 4; loi 79, pr., *de verborum significatione,* Dig.) (1).

Telles sont: les réparations faites aux bâtiments héréditaires, les baux et l'ensemencement des biens communs, etc.; l'exécution des obligations ayant un caractère indivisible que le défunt a imposées à ses héritiers (loi 44, § 8, h. t.; loi 85, *de verb. oblig.*; loi 8, § 1, *ad legem Falcid.*, Dig.); l'acquittement de certaines dettes dont l'extinction partielle, bien que possible à la rigueur, n'aurait pas suffi pour prévenir des inconvénients devant atteindre tous les héritiers, telles que le payement fait par l'héritier au légataire du montant de son legs pour éviter ou faire cesser l'envoi en possession des biens de la succession (loi 18, § 6, h. t.); l'acquittement d'une obligation dont l'extinction même partielle aurait rendu exigible, contre tous, la peine stipulée par le créancier (loi 25, § 13, h. t.); le payement d'une dette hypothécaire (*ead*, § 14), car si la dette se divise de plein droit, la chose hypothéquée ne peut être dégagée que par l'extinction intégrale de la créance (loi 9, § 3, *de pign. act.*, et loi 19, *de pig. et hypoth.*,

(1) Les intérêts des sommes dépensées par l'héritier pour le compte de l'hérédité sont dus du jour de la mise en demeure, *ex die moræ* (loi 18, § 3, h. t.).

Dig.) ; la réparation du dommage causé par un esclave héréditaire, parce que cette réparation était plus avantageuse que l'abandon noxal, (loi 25, § 15, h. t.) ; enfin la restitution de sa dot à la femme du testateur, afin de faire cesser l'usufruit qui lui avait été légué jusqu'à cette restitution (loi 44, § 7, h. t.).

Tel est encore le cas où un fils de famille a acquitté des dettes héréditaires dont il était tenu personnellement (loi 20, §§ 1, 6 et 7, et loi 25, § 19, h. t.). En effet, si elles sont divisibles et divisées de plein droit entre cohéritiers, ces dettes sont indivisibles, au point de vue de l'exécution, à l'égard du fils qui les a contractées (loi 21, *de rebus creditis*, et loi 41, § 1, *de usuris*, Dig.) ; car le fils de famille peut s'obliger civilement (loi 39, *de oblig. et act.*, Dig.). On a vu que c'est par le même motif que, lorsque ces dettes sont encore dues au moment du partage, le fils peut en prélever le montant.

En un mot, il y a lieu d'intenter l'action *fam. ercisc.* toutes les fois que l'un des cohéritiers, voulant agir utilement dans son propre intérêt, s'est trouvé forcé d'agir dans l'intérêt commun : *et omnino quæ pro parte expediri non possunt, si unus,* cogente necessitate, *fecerit, familiæ erciscundæ locus est* (loi 25, § 15, h. t.).

45. Mais que décider à l'égard des dépenses non plus nécessaires, mais seulement utiles,

telles que les dépenses d'amélioration ? Ces dépenses sont, en général, inhérentes à toute administration ; mais, pour les biens communs, il y a, en droit romain, un principe particulier dont Papinien nous donne la formule : « *In re communi*, dit ce jurisconsulte, *neminem dominorum jure facere quidquid invito altero posse..... potiorem causam esse prohibentis constat* (loi 28, *com. divid.*, Dig.). Ainsi, s'il y a opposition constatée, on ne doit pas changer l'état de la chose commune; si on le fait, on ne peut en exiger d'indemnité (1).

46. Observons que, dans certains cas, l'héritier qui n'est pas seul et personnellement tenu d'une dette héréditaire peut, avant d'avoir acquitté cette dette, forcer ses cohéritiers à en payer leur part. C'est ce qui arrive lorsqu'une chose héréditaire se trouve engagée à un tiers; lorsque le testateur a légué à sa veuve l'usufruit de ses biens en attendant

---

(1) En matière de gestion d'affaires ordinaire, il y avait controverse entre les jurisconsultes pour savoir s'il fallait accorder un recours à celui qui s'immisçait dans les affaires d'autrui malgré la défense du maître. Les uns donnaient une action utile ; les autres, comme Pomponius et Paul, refusaient toute action contre le maître, quoique la chose eut été bien gérée (loi 40, *mandati*, Dig.). Justinien a sanctionné cette dernière opinion (loi 24, *de negotiis gestis*, Code).

la restitution de sa dot ; en un mot, dans les cas où il s'agit de faire cesser une situation désagréable pour tout le monde (lois 18, § 4, et 44, § 7, h. t.).

§ 2. — Dommage causé par l'héritier à l'hérédité commune.

47. On peut causer directement du dommage à autrui par son dol, sa faute ou son fait.

Si le dommage a été causé à une chose héréditaire par un héritier ayant connaissance de sa qualité d'héritier, la réparation peut en être poursuivie par l'action *fam. ercisc.* (loi 16, § 4, h. t.).

48. *Dol.* — Toute personne est tenue de son dol d'une manière absolue, ainsi que de la faute lourde assimilée au dol.

Le dol, dans un sens large, est tout acte toujours volontaire qui peut causer un grave dommage à autrui.

Dans un sens plus restreint et plus juridique, le dol est un acte frauduleux.

49. *Faute.* — La faute est tout acte qui peut n'être pas volontaire, dont le caractère particulier est la négligence, et qui cause un préjudice à autrui.

La faute s'apprécie à deux points de vue :

1° *Abstractivement*, en prenant un type qui

peut ne pas exister chez la personne qui agit, parce qu'il s'en trouve ailleurs un meilleur.

C'est la faute qu'on appelle faute *in abstracto*.

2° *Privativement*, en prenant pour type la conduite ordinaire de la personne qui agit.

C'est la faute qu'on nomme faute *in concreto*.

Dans le premier cas, est en faute celui qui ne fait pas ce qu'un autre plus diligent et plus soigneux que lui eût fait à sa place.

Dans le second cas, celui qui agit est en faute, s'il ne fait pas ce qu'il a l'habitude de faire pour ses propres affaires.

L'appréciation de la faute, soit *in concreto*. soit *in abstracto*, est susceptible de plus ou de moins.

50. Mais de quelle faute est tenu le cohéritier qui a pris en mains la gestion de tout ou partie de l'hérédité?

Paul, dans le § 16 de la loi 25, h. t., dit que le cohéritier n'est pas tenu d'avoir la même vigilance qu'un homme très-diligent, parce qu'il a un motif, comme copropriétaire, de gérer la chose commune, « *causam habet gerendi.* »

Ainsi il n'est tenu que de la faute *in concreto*, c'est-à-dire de n'apporter aux choses héréditaires que le même soin qu'il apporte aux siennes propres.

Cependant, comme cet état de société existant entre lui et ses cohéritiers n'est pas volontaire, mais forcé, « *cum coherede non contrahimus sed incidimus in eum,* » dit le § précité, l'héritier gérant doit se surveiller, pour ainsi dire, lui-même : c'est ce qui résulte du § 18 de la même loi, où le jurisconsulte Paul considère comme étant en faute l'héritier qui, ayant fait adition d'hérédité avant les autres héritiers (probablement pour avoir la gestion de l'hérédité), a laissé perdre une servitude par le non usage.

51. *Fait.* — En général, le fait dommageable ne donne lieu à une réparation que lorsqu'il est contraire au droit : *injuria* (*sine jure*) *factum.*

Ainsi, le créancier qui ferait vendre les biens de son débiteur qui est en retard de payer sa dette ne serait tenu à aucune indemnité envers lui, quelque dommage qu'il lui causât.

Il y a cependant des cas où le simple fait donne lieu à une réparation (Inst., l. 2, t. 20, § 16, et loi 25, Dig., § 2, *ad. senat. Trebell*).

52. Le jurisconsulte Paul nous en offre un exemple dans les lois 25, § 11 et 13, et loi 44, § 5, h. t., à l'occasion des obligations indivisibles dont je vais exposer brièvement la théorie.

Les obligations actives et passives que nous avons et dont nous sommes tenus les uns vis-à-vis des autres, à l'occasion des biens, sont divisibles ou indivisibles, lorsqu'il y a pluralité de créanciers ou de débiteurs, suivant qne l'objet est divisible ou indivisible, soit en lui-même, *natura*, soit par le but à atteindre, *conventione*. Lorsque l'objet est divisible, et que le débiteur meurt laissant plusieurs héritiers, l'obligation se divise de plein droit (loi 6, h. t., Code). Au contraire, lorsque l'objet de l'obligation est indivisible, soit *natura*, soit *conventione*, chacun des héritiers du débiteur est tenu, à l'égard du créancier, séparément, de l'obligation comme le défunt en était lui-même tenu, c'est-à-dire pour le tout; car, le décès du débiteur, fait étranger à la nature de l'objet de l'obligation, ne peut pas changer le droit au tout du créancier.

Ces principes établis, supposons que le promettant, après avoir constitué au profit de *Titius* une servitude de passage, et avoir promis que ni lui ni son héritier ne l'empêcheraient de passer, soit mort laissant plusieurs héritiers: chacun d'eux est tenu pour le tout de l'obligation de laisser passer *Titius*.

En conséquence, si l'un d'eux, même sans intention malveillante, et parce qu'il s'imaginait que tel était son droit, empêche *Titius* de passer, la stipulation sera encourue, pour le tout, contre lui et chacun de ses cohéritiers; car, le fait de l'un nuit aux autres dans leurs rapports avec le créancier : *uno prohibente in solidum committitur stipulatio* (loi 25, § 12). *Titius* pourra donc s'adresser à l'un des héritiers pour lui demander le tout (loi 44, § 5).

Mais, comme l'héritier ne peut par son fait porter préjudice à son cohéritier, l'héritier innocent, c'est-à-dire celui qui n'a pas empêché *Titius* de passer, pourra, s'il a été poursuivi et s'il a payé, demander par l'action *fam. ercisc.*, à son cohéritier, ce qu'il a été obligé de payer à cause de lui (loi 44, § 5, *in fine*, h. t., et loi 2, § 2, *de verb. oblig.*, Dig.).

Il en sera de même de l'obligation avec clause pénale. Car, si cette obligation est divisible *natura*, elle est indivisible *conventione*, et la peine ne peut être évitée que par le payement intégral de la dette (loi 25, § 13, h. t.),

53. Le vol et le dommage *damnum injuria factum*, commis par un héritier, exigent quelques explications spéciales.

54. Et d'abord, si l'héritier a volé quelque chose au défunt, du vivant de celui-ci, il sera tenu de l'action de vol et non de l'action *fam. ercisc.*, parce qu'au moment où il a fait le vol il n'était pas héritier. Si le vol a été commis après la mort du testateur, mais avant l'adition d'hérédité, il n'y a pas lieu à l'action *furti*, parce qu'on ne vole pas une hérédité *jacente*, ni à

l'action *fam. ercisc.*, parce que l'auteur du vol n'était pas héritier lorsqu'il l'a commis; mais il sera tenu dans ce cas du crime de détournement, *crimen expilatæ hereditatis*. Enfin, si le vol a été fait après l'adition d'hérédité, l'héritier coupable sera tenu et de l'action *fam. ercisc.* et de l'action de vol, comme je le dirai plus loin.

Si le vol ou délit quelconque, au lieu d'être commis par l'héritier, l'avait été par l'esclave de ce dernier, après l'adition d'hérédité, il n'y avait lieu à l'action *fam. ercisc.*, qu'autant que le maître l'avait encouragé, ou qu'il y avait une faute à lui imputer (loi 45, § 1, h. t.).

Ce cas excepté, il n'y avait jamais lieu à l'action *fam. ercisc.* à raison du vol commis par l'esclave de l'héritier. Mais, si le vol avait été commis par cet esclave, soit du vivant du testateur, soit après l'adition de l'hérédité, on donnait l'action noxale à la personne intéressée. Si c'était pendant que l'hérédité était jacente, c'est-à-dire non encore acceptée, que le vol avait été commis, l'esclave était puni comme *expilator*, parce que, ainsi que je l'ai dit, on ne volait pas une hérédité jacente.

On a vu que la réparation du vol commis par l'esclave de l'héritier au préjudice de l'hérédité, ne venait pas, en principe, dans l'action *fam. ercisc.* (loi 45, § 1er). Il en était autrement du vol commis par l'esclave héréditaire au détriment de l'héritier; et dans ce cas, le juge devait, suivant qu'il lui paraissait plus avantageux, ou adjuger l'esclave en réparation du dommage causé à l'héritier lésé, ou condamner envers lui ses cohéritiers dans la limite de leurs parts et portions héréditaires (loi 16, § 6, h. t.).

Pourquoi cette différence? Je pense qu'on peut la justifier en disant que, lorsque l'esclave d'un héritier commet un vol au préjudice de l'hérédité, on ne peut pas dire qu'il y a un dommage causé à une chose héréditaire par un héritier en qualité d'héritier; au contraire, lorsque c'est l'esclave héréditaire qui vole un héritier, on peut soutenir qu'il y a pour cet héritier une perte soufferte à l'occasion de l'hérédité.

55. Dans le cas où, d'après le droit commun, il y avait lieu à l'action de la loi Aquilia, on donnait l'action *fam. ercisc.*, si le cohéritier avait causé le dommage en qualité d'héritier *quasi heres*, c'est-à-dire après l'adition d'hérédité (loi 16, § 5, h. t.). Si, au contraire, le dommage avait été causé par lui avant d'être héritier, par exemple, si la condition de son institution n'était pas arrivée, ou avant l'adition d'hérédité s'il était héritier pur et simple, il n'y avait pas lieu à l'action *fam. ercisc.*, car l'auteur du dommage n'avait pas agi en qualité

d'héritier ; mais à l'action de la loi Aquilia, si l'héritier lésé avait fait adition d'hérédité, et à l'action de dol seulement, s'il n'avait pas encore fait cette adition (lois 42, *ad. leg. Aquil.* et 35, *de dolo*, Dig.). L'action de la loi Aquilia ne se donnait, en effet, qu'au propriétaire lésé (loi 11, § 6 et 9, *ad leg. Aquil.*, Dig.). Or, le cohéritier ne devenait propriétaire, dans l'espèce prévue, que par l'adition d'hérédité.

56. Mais quelle était la portée de l'action *fam. ercisc.* en cette matière?

D'après le droit commun, lorsqu'un vol avait été commis, la victime du vol avait plusieurs actions contre le voleur: l'action *furti*, action purement pénale, qui se donnait au double ou au quadruple, suivant que le vol était manifeste ou non manifeste, et la *rei vindicatio* ou la *condictio furtiva* pour la réparation du dommage causé.

Lorsque le voleur était un héritier, et qu'il y avait lieu, d'après la distinction établie plus haut, à l'action *fam. ercisc.*, cette action donnait sa forme aux actions civiles ordinaires. Mais les cohéritiers avaient-ils en outre l'action *furti* contre le cohéritier voleur? Oui, toujours et dans tous les cas, parce que cette action, étant pénale, ne pouvait être suppléée par l'action *fam. ercisc.*, action purement civile, et parce qu'il était admis, en droit romain, qu'on commettait le délit de vol en dérobant une chose dont on était copropriétaire (loi 45, *de furtis*, Dig.).

Mais *quid* de l'action de la loi Aquilia qui était une action mixte? L'exercice de l'action *fam. ercisc.* empêchait-il l'exercice de la loi Aquilia?

Plusieurs textes nous montrent l'action de la loi Aquilia en concours avec les actions ordinaires, telles sont les actions de commodat et de dépôt (loi 7, § 1, *commodati*, et loi 42, *ad leg. Aquil.*). Cela tient, quant à ces actions, à ce qu'elles étaient par elles-mêmes *persecutoriæ rei*. Or, comme on ne pouvait obtenir par ces actions, qui étaient de bonne foi, que la réparation du dommage causé au moment où le délit avait été commis, on avait recours à l'action de la loi Aquilia, pour tout ce qui était considéré comme peine. Mais il n'en était pas de même de la *petitio hereditatis* (loi 36, § 2, *de pet. hered.*, Dig.), et par analogie, de l'action *fam. ercisc.* (loi 16, § 5, h. t.), car ces deux actions n'étaient pas, par elles-mêmes, *persecutoriæ rei*, mais donnaient seulement leur forme à l'action de la loi Aquilia. Dès lors, il fallait opter entre ces actions et celle de la loi Aquilia. Toutefois, le juge y tenait compte du dommage; mais ce dommage était toujours apprécié au simple (loi 17, h. t.), parce que l'action *fam. ercisc.* était une action de bonne foi.

SECTION IV.

Rôle du juge dans l'action fam. ercisc. — Adjudication. — Condamnation.

57. Il faut se rappeler, avant tout, que le juge de l'action *fam. ercisc.* n'est que le représentant des parties, c'est-à-dire une volonté unique substituée à la volonté multiple des héritiers pour mener à fin la liquidation de la masse héréditaire.

En conséquence, le juge doit rechercher la commune intention des parties copartageantes si elles sont d'accord entre elles.

Il doit suivre la volonté du défunt manifestée, de quelque manière que ce soit, si les héritiers sont les enfants de ce dernier, et exprimée seulement dans la forme solennelle, testament ou codicille, si ces héritiers sont, ou si parmi eux se trouvent toutes autres personnes que des enfants du *de cujus* (lois 21 et 26, h. t., Code).

Enfin, en l'absence de toute indication, soit de la part des parties, soit de la part du défunt, le juge doit adopter la marche la plus utile à tous les ayants droit : *Quod utilissimum est* (loi 21, *com. divid.*, Dig.).

58. Le juge avait d'ailleurs des pouvoirs très-étendus : il pouvait diviser un fonds en plusieurs parties (loi 22, § 2, h. t.), ou placer des fonds entiers dans le même lot (loi 52, § 2, *eod.*) ; établir des servitudes entre les diverses parties d'un fonds ou entre des fonds voisins ; détacher même l'usufruit de la nue propriété, soit pour la durée de la vie entière de l'usufruitier, soit pour un temps déterminé (*Frag. Vatic.* 48) (1). Quelquefois il estimait lui-même les lots qu'il adjugeait. D'autres fois il les mettait aux enchères entre cohéritiers, et le prix de la vente sur licitation servait à fixer le montant de la condamnation à prononcer contre l'adjudicataire. Les étrangers étaient même admis à enchérir, dans certains cas, sur la demande d'un ou plusieurs héritiers (loi 3, *com. divid.*, Code).

Mais, je le répète, le juge devait avant tout s'inspirer de la volonté du défunt ou de celle des parties ; car sa juridiction était purement

---

(1) Il y avait doute cependant, si on en croit les *Fragmenta Vaticana*, sur la question de savoir si le juge pouvait constituer l'usufruit *ex certo tempore* ou *alternis annis* (*Frag. Vat.*, 44) ; l'opinion affirmative est la seule consacrée au Digeste (loi 16, § 2, h. t.).

gracieuse, à l'exception du cas particulier prévu par la loi 1 (h. t.) *in fine*.

59. Indépendamment des adjudications et des condamnations dont je vais bientôt m'occuper, et qui étaient la partie importante de sa mission, le juge avait à prendre certaines mesures, et à faire et exiger des parties certains actes propres à préparer, diriger et compléter la liquidation de l'hérédité ou des hérédités qui lui étaient soumises.

Ainsi, il avait le droit de faire vendre les biens héréditaires, dans certains cas (loi 26, h. t.); de payer les dettes héréditaires, dans certains autres (loi 28, *eod.*) ; c'était lui qui ordonnait le dépôt des titres et papiers de la succession (lois 4, § 3 et 5, *eod*), car ces choses ne devaient pas être partagées.

Mais, un des pouvoirs secondaires du juge, le plus important de tous, était de prescrire des stipulations judiciaires aux parties dans un grand nombre de circonstances. Ce pouvoir était d'ailleurs commun à tous les juges des actions de bonne foi (loi 38, *pro socio*, Dig.). On trouve au Digeste et au Code plusieurs exemples de ces stipulations dont le but était de sauvegarder pour l'avenir les droits des copartageants les uns vis-à-vis des autres (lois 8; 19; 23; 25, § 10, 12, 13 et 20; et 44, § 5, h. t., Dig. ; loi 14, h. t., Code).

J'arrive maintenant aux adjudications et aux condamnations.

§ 1.—Adjudications.

60. A l'état d'indivision, chacun des héritiers a droit à chacune des parties du tout commun dans les limites de sa part héréditaire. Aucun d'eux ne peut dire absolument et séparément tel objet m'appartient : « *Hanc aio rem esse meam.* » Ils sont obligés de se réunir tous et de parler collectivement. Après le partage, au contraire, chacun a un droit absolu à l'objet compris en son lot, et peut dire cet objet m'appartient : « *Hanc aio rem esse meam.* »

Partager, c'est donc transformer la propriété collective de tous en une propriété individuelle, absolue, au profit de chacun.

Pour opérer cette transformation, il faut donc que chacun aliène et acquière quelque chose.

Le partage a donc pour but d'attribuer à chacun des copartageants des parts distinctes dans un objet jusqu'alors commun. Le partage est donc attributif de propriété.

Dans les partages amiables, cette attribution est l'œuvre des copartageants eux-mêmes ; dans le partage judiciaire, c'est le juge, leur représentant, qui l'opère au moyen de l'adjudication.

61. On a vu quelles étaient les choses susceptibles de division qui venaient dans l'action *fam. ercisc.* Toutes ces choses pouvaient-elles être adjugées?

Non, car adjuger, c'est, en principe, aliéner. Or il y a des choses qui ne peuvent être aliénées, tels que les droits d'usufruit et d'usage.

A l'égard de ces droits, le juge de l'action *fam. ercisc.* prenait des moyens détournés pour arriver à en faire profiter tous les héritiers.

Ainsi, l'usufruit ne pouvait être adjugé en totalité ou en partie. En effet, bien que l'adjudication fut un moyen de le constituer (loi 16, § 1, h. t.), elle n'était pas un moyen de le transmettre ; car c'eût été l'éteindre ou du moins faire un acte nul (Gaius, Com. 2, § 30; loi 66, *de jure dotium*, Dig.). Dès lors, on devait recourir à d'autres expédients pour arriver aux mêmes résultats. On y parvenait, soit en limitant la jouissance de chacun à une portion de la chose, si elle était partageable, soit en la louant en entier à l'un des héritiers ou à un tiers, moyennant un prix dont chaque héritier recevait sa part héréditaire, soit enfin en assignant alternativement cette jouissance à chacun des copartageants. Tout cela se faisait au moyen de stipulations réciproques (loi 16, pr., h. t.; loi 7, § 10, *com. divid.*, Dig.).

Quant au droit d'usage, il ne pouvait être aliéné ni loué (loi 10, § 1, *com. divid.*, Dig.); il était même complétement indivisible (loi 19, *de usu et habitione*, Dig.). Mais la nécessité avait fait introduire un moyen d'en faire profiter tous les héritiers : il consistait à attribuer ce droit à un seul d'entre eux, à la charge par lui de tenir compte à chacun de ses cohéritiers d'une indemnité équivalente à leur portion héréditaire (loi 10, § 1, précitée).

Il y avait aussi quelque chose de particulier à l'égard du droit de gage. Le juge de l'action *fam. ercisc.* devait l'adjuger à un seul héritier pour le tout, et condamner celui-ci à payer à chacun de ses cohéritiers une somme équivalente à sa part dans la créance garantie; et, par suite, l'adjudicataire avait contre le débiteur l'action *pigneratitia contraria* pour se faire rembourser, soit le montant de la créance (1), soit les dépenses nécessaires faites par l'adjudicataire à l'occasion du gage, pourvu toutefois que l'adjudication eut été sérieuse.

62. Le juge avait-il à prononcer des adjudi-

---

(1) Du moins selon Cujas (*recit. solemnes ad legem* 29, h. t.); car d'autres interprètes ne donnent à l'adjudicataire qu'une exception.

cations à l'occasion des objets corporels faisant partie des prélèvements? Dans l'ancien droit romain, la question était controversée entre les Sabiniens et les Proculiens à l'égard des legs faits à titre de préciput : les premiers pensaient que l'adjudication était toujours nécessaire, les seconds soutenaient, au contraire, que le légataire avait la *rei vindicatio*, si la chose léguée appartenait au défunt *ex jure Quiritium*, et que l'office du juge n'était nécessaire que lorsque le défunt n'avait la chose que *in bonis* (G., Com. 2, § 219 et 221).

63. Les choses héréditaires *mancipi* ou *nec mancipi* devenaient par l'adjudication la propriété *ex jure Quiritium* de l'adjudicataire, dans tous les cas où le transport en était possible, et les autres héritiers cessaient d'y avoir aucun droit (Ulp., *frag.*, t. 19, § 16).

64. Mais fallait-il que l'instance en partage fût un *judicium legitimum*, ou un *judicium imperio continens* suffisait-il? Le *judicium legitimum* est formellement exigé par un passage des *Fragmenta Vaticana* pour la constitution de l'usufruit (*Frag. Vatic.* 47); mais la question est controversée en ce qui concerne la propriété. L'opinion qui admet la nécessité du *judicium legitimum* s'appuie sur la loi 44, § 1, h. t., qui s'exprime ainsi : « *Adjudicationes prætor tuetur* « *exceptiones et actiones dando.* » « Cette pro-

tection prétorienne, dit M. Pellat, superflue quand l'adjudication confère la propriété, paraît s'appliquer au cas où la translation ne s'est pas opérée, vraisemblablement dans le cas où le *judicium* n'était pas *legitimum*, mais *imperio continens* (1). »

Je ferai cependant observer que, même en admettant la possibilité d'acquérir la propriété *ex jure Quiritium* par un *judicium imperio continens*, le passage précité de Paul trouve sa raison d'être dans les cas assez nombreux où l'adjudication du juge portait sur les choses que le défunt n'avait que *in bonis* ou sur lesquelles il n'avait qu'un droit prétorien.

Sous Justinien, la question ne pouvait se présenter, puisque la distinction entre les *judicia legitima* et les *judicia imperio continentia* était abolie ; la propriété des choses qui avaient fait l'objet de l'adjudication passait immédiatement sur la tête de l'adjudicataire (Inst. 4, t. 17, § 7, *de officio judicis*).

65. Il me reste à examiner ici une question qui a beaucoup occupé les commentateurs. La vente volontaire d'une portion indivise, opérée après la *litis contestatio* de l'action *fam. ercisc*, était nulle (loi 13, h. t., Dig. ; loi 1, *com. divid.*, Code); mais elle était valable si elle avait été

(1) M. Pellat, *de la Propriété*, page 51.

faite avant cette époque. Dans ce dernier cas, il fallait toutefois distinguer s'il y avait eu ou s'il n'y avait pas eu de tradition : si la tradition n'avait pas été opérée, la chose vendue était comprise dans le partage et adjugée à qui de droit (loi 1, § 13, *com. divid.*, et loi 13, § 17, *de act. empti et venditi*); si, au contraire, la tradition avait été opérée, l'indivision cessait entre les cohéritiers lorsqu'ils n'étaient que deux, et dès lors l'acheteur et le cohéritier du vendeur devaient avoir recours à l'action *communi dividundo* pour sortir de l'indivision.

Mais qu'arriverait-il s'il y avait plus de deux héritiers, et qu'un seul eût vendu et livré sa part? Le juge de l'action *fam. ercisc.* avait-il à s'occuper de ces biens? Nératius pensait que, dans ce cas comme dans le précédent, il n'y avait pas lieu à l'action *fam. ercisc.* (loi 54, h. t.); Paul décidait, au contraire, dans la loi 25, § 6, *eod.*), que dans ce cas et dans deux autres prévus par ce paragraphe, les parts des autres héritiers venaient dans l'action *fam. ercisc.* pour être adjugées à l'un d'eux.

Plusieurs docteurs ont cherché à concilier ces deux lois en torturant plus ou moins le texte (1).

(1) Cujas, *Recitationes in tit. fam. ercisc.*, loi 25, § 6; Doneau, *de judiciis divisoriis*, chap. 10, n° 4.

Quant à moi, je pense qu'on ne doit pas chercher à les concilier, parce qu'elles sont inconciliables. Il me semble que Paul qui était Sabinien, et, par dessus tout, d'un caractère très-indépendant, même jaloux et chagrin, a émis, en cette matière, une opinion contraire à celle de Nératius, qui était de l'école des Proculiens (1).

§ 2. — Condamnations.

66. Ainsi que je l'ai fait remarquer, chaque héritier dans l'état d'indivision, a droit à chacune des parties du tout commun dans la proportion de son droit héréditaire.

Pour avoir un droit absolu aux objets compris en son lot, chaque héritier doit donc acquérir de ses cohéritiers leurs parts indivises dans ces objets et aliéner, comme équivalent, les parts indivises qu'il y a dans les objets compris aux lots de ses cohéritiers.

Mais, suivant que ces aliénations et acquisitions réciproques donnent ou ne donnent pas

---

(1) Cette opinion est d'autant plus probable que Paul, ainsi que Grotius le fait remarquer dans la vie de ce jurisconsulte (*in vita Pauli*), était souvent en opposition avec les autres jurisconsultes et même avec les empereurs, dans le conseil desquels il se trouvait en qualité de préfet du prétoire.

lieu à un retour en argent, l'opération juridique du partage constitue une vente ou un échange.

Dans le cas d'échange, l'adjudication réciproque suffit, car il n'y a alors à créer que le droit de propriété. Dans le cas de vente, il faut une opération de plus, la condamnation, pour créer le droit d'obligation (Inst., liv 4, tit. 17, § 4 et 5, *de officio judiciis*).

La condamnation, comme conséquence du droit d'adjudication du juge, est donc créatrice d'obligations.

67. Mais, à côté de ce caractère particulier, la condamnation avait un caractère plus général, celui de régler les différentes espèces de prestations dont il a été question ci-dessus.

Dans la pratique, le juge examinait les causes d'obligations existant entre cohéritiers, établissait entre eux les comptes et les compensations, et ne prononçait de condamnations que pour l'excédant (loi 52, § 2, h. t.).

De là les absolutions qui accompagnaient ou remplaçaient les condamnations.

Paul parle de ces condamnations ou absolutions dans la loi 27, h. t. Il dit qu'elles doivent avoir lieu à l'égard de tous les héritiers, « *in* « *omnium persona faciendæ sunt*, » et que si une seule personne a été oubliée, ce que le juge a fait à l'égard des autres est nul, parce que la chose jugée ne peut valoir, dans la même sentence, pour partie, et être nulle pour partie: « *Quia non potest (ex) uno judicio res judicata in* « *partem valere, in partem non valere.* »

D'après Cujas, il ne s'agit, dans cette loi, que du règlement des prestations personnelles, et Paul voudrait dire que le juge, en s'occupant des prestations, doit les régler en entier et entre toutes les personnes intéressées, soit en les condamnant, soit en les absolvant, et que l'omission, soit d'un élément de prestation, soit d'une personne, rendrait la sentence nulle comme n'étant pas *plénière* (1).

Je ne puis admettre entièrement l'opinion de Cujas. Comme lui, je pense que dans la loi 27 il ne s'agit que des prestations; mais il me semble que Paul ne parle que de l'omission des personnes, et que, par suite, l'omission d'un élément de prestations n'empêche pas la sentence d'être valable pour tous les autres chefs de prestations.

Cujas tire un argument *a contrario* de ce qui se passe dans la division des choses. Il raisonne ainsi : Le juge ne doit rien laisser indivis (loi 25, § 20, h. t.); mais si par hasard il

---

(1) Cujas, *Recitationes solemnes, ad leges* 25, § 20; et 27, h. t.

a omis quelques objets communs, l'adjudication des autres n'en sera pas moins valable, parce que, dit-il, les choses qui viennent dans l'action *fam. ercisc.* pour être divisées, y viennent en masse, *generaliter*, et non en particulier, *specialiter*, et qu'il est dès lors facile d'en oublier quelques-unes. Au contraire, la sentence est nulle, quant aux prestations, si le juge ne statue pas sur tous les chefs de prestations qui lui sont soumis, parce qu'elles viennent dans l'action *fam. ercisc.* comme choses particulières, *specialiter*, et non comme masse, *generaliter* (Cujas, *ad legem* 27, h. t.).

Mais pourquoi donc les condamnations et les absolutions ne seraient pas valables pour tous les autres chefs de prestations, parce qu'un seul aurait été omis? Je comprends très-bien qu'elles soient nulles lorsqu'une personne a été omise, car la sentence n'étant pas rendue entre toutes les parties intéressées, ne peut évidemment être *plénière*; mais je ne vois pas de bonnes raisons pour admettre cette nullité lorsqu'il s'agit de l'omission, non d'une personne, mais d'un élément de prestation. J'en trouve, au contraire, de très-solides pour la repousser. En effet, supposons que l'adjudication d'un objet ait été omise, on partagera cet objet au moyen de l'action *com. divid.* (loi 20, § 4 précitée). Qui empêchera donc alors de statuer en même temps sur le chef de prestation omis, lequel est peut-être relatif à l'objet laissé indivis? Rien évidemment. Supposons encore que tous les objets aient été divisés et qu'un seul élément de prestations d'une importance très-minime ait été oublié. Voici les conséquences de l'opinion de Cujas : La sentence étant nulle pour tous les chefs de prestations, il faudra évidemment avoir recours aux actions ordinaires, c'est-à-dire intenter autant d'actions particulières qu'il y aura de causes différentes de prestations. N'est-ce pas, dès lors, aller contre le but de la loi qui appelle de tous ses vœux le règlement des intérêts communs entre héritiers?

CHAPITRE III.

DES EFFETS DU PARTAGE.

68. Pour déterminer les effets du partage, je les examinerai à deux points de vue différents : 1° dans les rapports des copartageants entre eux, et 2° dans les rapports des copartageants avec les tiers.

§ 1er. — Rapports des copartageants entre eux.

69. Le partage d'une succession impliquant

l'existence de la qualité d'héritiers entre les copartageants (loi 1, § 1, h. t.), celui qui, ayant seul droit à une succession, l'a partagée avec une personne étrangère à cette succession, devrait pouvoir, d'après l'équité, obtenir la restitution des choses héréditaires qu'il a livrées ou des prestations personnelles qu'il a acquittées.

70. Il n'en est pourtant pas ainsi d'après le droit positif.

Et d'abord, l'aveu judiciaire vaut chose jugée contre celui qui l'a fait volontairement, sans erreur de sa part, ou par erreur de droit; mais l'aveu n'est pas valable lorsqu'il est fait par erreur de fait (lois 1 et 2, *de confessis*, Dig.).

En conséquence, toute restitution est impossible lorsque l'action *fam. ercisc.* a été intentée à la suite d'un aveu judiciaire valable.

71. Mais qu'arrivera-t-il si l'aveu n'a pas précédé l'exercice de l'action *fam. ercisc.?* Le seul fait d'avoir intenté cette action ou d'y avoir répondu emportera-t-il aveu judiciaire?

Pour le décider ainsi, tous les auteurs s'appuyent sur la loi 37, h. t., en supprimant la négation qui se trouve dans ce texte, et en arguant du texte grec des Basiliques, où cette négation n'existe pas.

Il me semble que cette négation doit non-seulement être maintenue, mais devrait être supplééе si elle n'existait pas; car la loi 37 précitée n'a et ne peut avoir en vue qu'un cas d'erreur. Il n'y est nullement question d'aveu.

En effet, l'aveu suppose une déclaration explicite ou tout au moins implicite, mais toujours directe. Or, quelle déclaration fait celui qui intente l'action *fam. ercisc.* ou y répond? Il déclare qu'il veut sortir de l'indivision, parce qu'il sait ou croit savoir que son adversaire est son cohéritier; il ne déclare pas autre chose. Si l'adversaire est réellement son cohéritier, il y a constatation d'un fait vrai; s'il n'est pas son cohéritier, parce qu'il est seul héritier, quoiqu'il l'ignore, il y a erreur sur la qualité de la personne de l'adversaire, erreur de fait ou erreur de droit, suivant les cas, mais il n'y a pas aveu; car l'aveu suppose, comme je l'ai dit plus haut, une déclaration directe explicite ou tout ou moins implicite.

En conséquence, le fait d'intenter l'action *fam. ercisc.*, ou d'y répondre n'emporte pas aveu de la part de celui qui agit.

72. Mais qu'arrivera-t-il si l'héritier unique a, par erreur, procédé au partage de la succession? il faut distinguer si le partage a été exécuté ou ne l'a pas été : s'il a été exécuté, le cohéritier n'a plus aucun recours; il n'a ni la *rei vindicatio*, à cause de l'adjudication du juge, et, parce qu'en droit romain, le payement effectué, même par erreur, transfère la propriété lorsqu'il est fait par le véritable propriétaire; ni la *condictio indebiti*, car ce qui a été payé *ex causa judicati* ne peut être répété (loi 1 *cond. indeb.* Code), et qu'il suffit dans l'espèce, quoiqu'il n'y ait réellement pas eu d'instance en partage, que l'héritier ait cru en payant qu'il était condamné (loi 36, h. t.). Si le partage n'est pas exécuté, l'héritier peut repousser par l'exception de dol la *rei vindicatio* et les autres actions personnelles intentées contre lui par son copartageant (loi 5, *de actionibus empti et venditi*, Dig.).

73. Si, au lieu d'être judiciaire, le partage est amiable, chacun peut répéter ce qu'il a cédé à l'autre; car, la sentence n'existant pas, on ne peut supposer une transaction. Or, il n'y a plus aucun motif de refuser la répétition. Mais il n'y avait pas lieu à la *rei vindicatio*, car l'adjudication même amiable transférait la propriété (1).

74. L'adjudication du juge transférait au copartageant adjudicataire avec la propriété

(1) Loi 36, h. t. Cette loi suppose la bonne foi de la part du copartageant non héritier; s'il était de mauvaise foi, il pourrait y avoir lieu, suivant les cas, à la *restitutio in integrum* (loi 7, *de in integr. rest.*, Dig.; et loi 8, *de collationibus*, Code).

de la chose adjugée l'action en *rei vindicatio* et généralement toutes les actions et exceptions qui étaient nécessaires pour protéger la propriété (loi 44, § 1, h. t.).

Cependant, si ces actions avaient été intentées par tous les héritiers avant l'adjudication et n'avaient pas encore abouti, à ce moment, à une sentence judiciaire, elles ne passaient pas de droit à l'adjudicataire ; elles restaient attachées à la personne des héritiers. Mais, comme c'était l'adjudicataire qui devait profiter des résultats de la sentence, le juge devait lui faire donner caution de rembourser à ses cohéritiers tous les frais qu'auraient accasionnés l'instance engagée, et, à ces derniers, de restituer à leur cohéritier tout ce qu'ils obtiendraient par suite de la sentence à intervenir (loi 47, pr. h. t.).

Ce résultat n'existait toutefois qu'à l'égard des actions qui tendaient à obtenir un droit réel. Si elles n'avaient été exercées qu'à l'occasion de la chose, comme l'action *furti* par exemple, le bénéfice appartenait non à l'héritier adjudicataire seul, mais à tous les héritiers; car il s'agissait de réparer un dommage qui avait été commun au moment ou il avait eu lieu et qui était destiné à rester tel (loi cit., § 1).

75. Mais un des effets les plus remarquables du partage entre cohéritiers était l'obligation de garantie en cas d'éviction. Cette obligation avait lieu de quelque manière que le partage eût été fait, à l'amiable ou par le juge, ou même lorsque le défunt avait fait lui-même le partage de tous ses biens entre ses enfants ; même en cas de prélegs réciproques (loi 77, § 8; *de legatis* 2, Dig.).

Elle a sa raison d'être dans l'égalité qui doit exister entre les héritiers qui divisent une même succession et un même patrimoine, et son point de départ est dans le caractère d'aliénation réciproque, vente ou échange du partage.

Mais comme la garantie n'est pas de l'essence, mais de la nature du partage, elle pouvait être modifiée en plus ou en moins par les parties.

Elle avait lieu de plein droit; mais le plus souvent il intervenait à cet effet des stipulations réciproques suivies de caution; Paul en fait même une obligation au juge (loi 25, § 21 h. t.). Les parties agissaient alors entre elles, en cas d'éviction, par l'action *ex stipulatu*. Si ces stipulations n'étaient pas intervenues, les parties exerçaient leur recours par les actions correspondant aux procédés juridiques employés pour effectuer le partage. Mais il y avait cette différence entre la garantie stipulée et la garantie de droit, que l'héritier, qui agissait par l'action *prescriptis verbis* ou toute autre action, n'avait aucun recours à exercer lorsqu'au moment du partage il connaissait la cause d'éviction ; tandis qu'il pouvait même l'exercer, dans ce cas, par l'action *ex stipulatu* (loi 7, *Com. utr. jud.*, Code).

C'était au moment de l'éviction qu'il fallait se reporter pour apprécier le *quantum* de l'indemnité de garantie lorsqu'il n'était intervenu, à ce sujet, aucune stipulation (loi 66, *in fine, de evictionibus,* Dig.)

76. Le partage était-il rescindable pour cause de lésion? La loi 3 au Code *com. utr. jud.* le suppose pour les partages amiables. Mais quel était le taux de la lésion? Les textes sont muets à cet égard. Il est probable que c'était la lésion de plus de moitié comme pour la vente (loi 2, *de rescindenda venditione*, Code).

§ 2. — Rapports des copartageants avec les tiers.

77. Le partage reposant sur une aliénation réciproque, c'est-à-dire étant attributif de propriété, chaque héritier ne peut transférer à son cohéritier sa part dans la chose que telle qu'il la possédait. Or, comme pendant l'indivision le copartageant a pu hypothéquer cette

part puisqu'il en était propriétaire (loi 6, § 8, *com. divid.* et loi 7, § 4, *quibus modis pignus*, Dig), il résulte que l'objet compris au lot de l'héritier lui était adjugé dans l'état ou il se trouvait au moment de cette adjudication, c'est-à-dire grevé de l'hypothèque ou autre droit réel consenti par le cohéritier pendant l'indivision. Il en est, en effet, en droit romain, en matière de partage comme en matière d'aliénation ordinaire: la chose passe des mains du cohéritier en celles de l'adjudicataire, cohéritier ou autre, avec les qualités bonnes ou mauvaises qu'elle a au moment où s'opère le transfert de la propriété : « *Quotiens dominium transfertur, ad eum qui accipit, tale transfertur quale fuit apud eum qui tradit* (loi 20, § 1, *de adquirendo rerum dominio*, Dig.). »

Ainsi le partage n'a aucun effet à l'égard des tiers dans leurs rapports généraux avec les copartageants. A leur égard il est *res inter alios acta*.

78. Il n'en était pas ainsi dans les rapports particuliers des tiers avec les cohéritiers. On a vu, en effet, que le cohéritier pouvait vendre sa part indivise avant la *litis contestatio* de l'action *fam. ercisc.*, et que, si la tradition en avait été faite, il n'y avait plus lieu à l'action *fam. ercisc.* mais à l'action *communi dividundo;* que si, au contraire, la tradition n'avait pas été

effectuée, on devait recourir à l'action *fam. ercisc.*

Mais qu'arrivait-il, dans cette dernière hypothèse, si, par suite du partage, le fonds se trouvait compris en totalité dans le lot de l'héritier vendeur? Cet héritier se trouvait-il dans une indivision forcée avec son acquéreur, ou ce dernier était-il obligé de prendre la totalité du fonds quoiqu'il n'en eût acheté qu'une partie?

Les lois 13 § 17, *de act. empt. et vend. et,* 7, § 13, *com. divid.,* précitées, décident que si l'acheteur agit par l'action *ex empto* contre l'héritier vendeur pour obtenir de lui la part qu'il lui a vendue, ce dernier pourra le repousser par une exception s'il refuse de prendre le tout et même agir contre lui par l'action *ex vendito* pour le contraindre à prendre la totalité du fonds, pourvu, bien entendu, qu'il n'y ait aucune faute à reprocher à l'héritier vendeur, c'est-à-dire pourvu que l'adjudication ait été sérieuse (arg. loi 29, h. t.).

Cette décision est basée sur la nécessité où a été l'héritier vendeur d'acquérir la totalité du fonds pour conserver à son acheteur la portion qu'il lui avait vendue. Les textes précités supposent que l'héritier vendeur a été provoqué au partage. Je pense, en effet, qu'il en serait autrement si cet héritier s'était porté demandeur à l'action *fam. ercisc.* (1).

TRANSITION.

79. Ainsi que j'ai eu occasion de le dire plusieurs fois, le partage était, en droit romain, attributif de propriété. A Rome, partager c'était aliéner, principe seul vrai et seul rationnel, mais qui amenait de graves embarras dans la pratique lorsque les cohéritiers avaient hypothéqué leurs parts indivises.

80. Dans notre droit, ces embarras ont disparu par la création de l'effet déclaratif du partage.

Mais le caractère nouveau du partage a-t-il effacé entièrement le principe attributif qu'il avait de Rome? C'est ce qu'il est intéressant d'étudier.

Tout le monde connaît la longue lutte du droit contre la force dans la dernière période du moyen âge. On sait, en outre, que les praticiens ennemis, par intérêt du fisc seigneurial, et les jurisconsultes, adversaires par caractère des institutions féodales, tendirent sans cesse

---

(1) Ces principes ont passé dans notre Code (art. 1667).

et de tous leurs efforts à saper, soit les prérogatives, soit les bases de la féodalité.

81. En principe, toute mutation de propriété, soit à titre gratuit, soit à titre onéreux, était soumise au profit seigneurial qui prenait différents noms suivant le caractère de la mutation.

Les successions en ligne directe furent, à l'époque de la rédaction des coutumes, généralement exemptées des droits de mutation.

Ce fut là originairement une faveur ; mais on chercha bientôt une raison juridique à cette faveur.

On la fit sortir de cette idée romaine qui doit sa naissance à l'équité seule, savoir : que les enfants ne faisaient qu'une même personne avec le père de famille, qu'ils étaient ses copropriétaires de son vivant, et qu'à sa mort, la propriété de ses biens n'était pas transférée mais continuée en la personne des enfants (loi 11, *de liberis et posthumis, etc.*, Dig., Inst. liv. 2, tit. 19, § 2). Cette raison, quoique peu sérieuse, contenta les praticiens, à défaut de meilleure, parce qu'ils étaient disposés à profiter de toute celles qui se présenteraient à eux dans leur lutte contre le fisc seigneurial.

82. C'était encore un principe du droit féodal que le vassal ne pouvait aliéner son fief sans le consentement du seigneur. Des mesures énergiques sanctionnèrent ce principe surtout

dans les provinces germaniques : les aliénations furent frappées de nullité ; le vassal fût privé de son fief ou du moins de la partie aliénée ; et le notaire qui avait reçu l'acte, noté d'infamie, dépouillé de son office, eut le poing coupé (*de prohibit. alien. feud. per Fredericum*, livre 2, titre 55, *feudorum*).

En France, les mêmes mesures existèrent, mais toutefois moins sévères à l'égard du notaire auquel on conserva son poing.

83. Lorsque les fiefs devinrent héréditaires, il s'éleva la question de savoir si l'interdiction d'aliéner comprenait celle de partager.

La lutte fut vive ; le partage fut admis. Mais bientôt les grands feudataires, le roi à leur tête, attaquèrent la faculté de partager, et les fiefs de dignité, duchés, pairies, comtés ou marquisats furent déclarés indivisibles et impartageables même entre héritiers. Tous les autres fiefs furent reconnus partageables. C'est ce qui résulte de la constitution de Frédéric déjà citée : « *prœterea, ducatus, marchia, comitatus, de cœtero non dividatur : aliud autem feudum, si consortes voluerint, dividatur*.

Cette règle était admise en France.

84. Ainsi, prohibition d'aliéner, en principe, et faculté de partager du moins pour les fiefs subalternes. Mais cette faculté de partager admise en fait, il fallait lui donner une raison

de droit. On la trouva dans cette idée, souvent répétée en droit Romain, que le partage était une aliénation nécessaire. Or, si elle était nécessaire, il n'était donc pas besoin d'en demander l'autorisation au seigneur suzerain; donc, possibilité de procéder au partage sans lui.

Dans l'origine, la faculté de partager ne fut admise que pour les partages entre héritiers; elle ne l'était pas entre associés, d'après les coutumes. Il fallait à ces derniers l'autorisation du seigneur et il y avait à payer des droits de mutation. Mais Dumoulin ayant soutenu que les associés devaient jouir du même privilége que les héritiers, son opinion fut suivie, et la faculté de partager admise dans tous les cas.

85. Cependant le partage restait toujours avec son caractère romain d'aliénation réciproque, mais d'aliénation nécessaire.

Alors les praticiens, s'étant aperçu que le partage, par suite des priviléges arrachés au droit féodal, échappait aux applications auxquelles étaient soumises les conventions par lesquelles on pouvait acquérir ou transmettre, admirent, et la jurisprudence, toujours l'auxiliaire de la pratique lorsqu'il s'agissait de lutter contre la féodalité, décida, que le partage était déclaratif, et, par suite, que le seigneur n'avait ni à s'opposer au partage, ni à prétendre à aucun droit de mutation.

Cette nouvelle doctrine doit donc sa naissance à la lutte des praticiens français contre le droit seigneurial.

86. Elle fut longtemps restreinte aux matières féodales. Ce ne fut que plus tard qu'elle passa aux matières civiles. Les deux tentatives d'application les plus célèbres en cette matière furent celles relatives aux hypothèques consenties par l'un des cohéritiers sur le fonds indivis et aux saisies pratiquées par le seigneur contre l'un des cohéritiers pendant l'indivision, lorsque, par le partage, le fonds hypothéqué ou la partie saisie était attribué à un autre qu'à l'héritier débiteur ou saisi.

C'est à l'occasion de ces deux cas d'application qu'eut lieu la grande lutte entre les défenseurs du droit romain et les propagateurs de la nouvelle doctrine, et à laquelle prirent part les grands jurisconsultes de la renaissance, Barthole, Balde, Joson, Alciat, Dumoulin et Cujas.

87. Mais quelle est l'étendue de cet effet nouveau du partage qui nous apparaît dans le droit coutumier et dans le Code Napoléon, comme une fiction plutôt que comme un véritable principe?

Quand on examine avec soin l'histoire de cette doctrine dans son origine et dans ses développements successifs, on voit qu'elle a sa source dans la pratique et sa cause dans la haine du fisc seigneurial.

Si les docteurs essaient plus tard de démontrer que le partage ne contenait pas d'aliénation, les praticiens, qui s'étaient contentés de le décider à l'égard du fisc seigneurial, l'admirent bien par la suite à l'égard de tous autres tiers qui avaient acquis pendant l'indivision des droits réels sur la chose commune, à cause de l'utilité pratique incontestable qu'offrait cette doctrine ; mais ils ne me paraissent pas avoir été plus loin qne ne l'exigeaient les besoins de la pratique essentiellement utilitaire, comme on le sait.

88. En somme, je pense, ainsi que j'essayerai de le démontrer plus loin, que la question n'a jamais été sérieusement discutée au point de vue théorique; qu'elle ne l'a été, au point de vue pratique, qu'à l'égard du fisc seigneurial d'abord, et ensuite à l'égard des autres tiers; qu'elle ne l'a jamais été entre copartageants dans leurs rapports exclusivement personnels; et que, si on l'examine sous toutes ses faces, on doit arriver logiquement à cette solution, savoir : Que le partage est, en droit français, comme il l'était en droit romain,

attributif de propriété, en principe, c'est-à-dire entre copartageants dans leurs rapports purement respectifs ; mais, qu'à la différence de ce qui avait lieu en droit romain, il est aujourd'hui, comme il l'était dans l'ancien droit en vertu d'une création nouvelle, fictivement déclaratif, c'est-à-dire par voie d'exception, à l'égard du fisc et des autres tiers.

DROIT FRANÇAIS.

DU PARTAGE DE LA COMMUNAUTÉ

(Art. 1467 à 1492, Code Nap.).

1. Lorsque le mariage a été célébré devant l'officier de l'état civil, la communauté commence (art. 1399, Code Nap.).

2. Établi chef de la communauté par la nature et par la loi, le mari l'administre seul.

3. Les pouvoirs du mari sont très-étendus, presque absolus sur les biens de la communauté : il peut les hypothéquer, les aliéner à titre onéreux, quand bon lui semble ; la loi présume sa bonne administration. Mais il ne peut en disposer à titre gratuit que dans des

limites très-restreintes; car donner, ce n'est pas administrer, mais perdre. Or, le législateur n'a donné au mari ses pouvoirs que pour la plus grande prospérité de la communauté; toute autre idée est contraire à la justice, et, par conséquent, fausse.

4. Reléguée dans l'intérieur de la famille, pour y répandre sa douce et bienfaisante influence d'épouse et de mère, et y faire briller tous les dévouements de sa nature sensible, la femme peut, à raison de son éloignement des affaires matérielles, renoncer à la communauté (art. 1453), et même, si le mari administre mal et met sa dot en péril, elle peut demander, durant le mariage, la séparation de biens, et faire ainsi anticiper la dissolution naturelle de la société conjugale (art. 1441 et suiv.).

5. Le mari tient ses pouvoirs sur la communauté uniquement de la loi, et non de la femme en vertu d'un mandat tacite; car on ne comprend pas, avec l'idée de mandat, la faculté qu'a la femme de renoncer à la communauté, puisque le mandataire oblige le mandant : et d'ailleurs, l'administration du mari n'est-elle pas une conséquence nécessaire de la puissance maritale (art. 212 et suiv.)?

6. La communauté est une société; c'est incontestable en présence de l'art. 1837, C. N.;

société ayant ses règles particulières, à raison, soit de la qualité des associés, soit de leurs rapports respectifs, soit du rôle différent que chacun d'eux est appelé à jouer dans l'association.

7. Elle constitue un être moral, propriétaire (art. 1401, 1402), usufruitier (art. 1401-2°, 1409-3° et suiv.), créancier et débiteur (articles 1406, 1407, 1408, 1433, 1437, etc.).

8. Les biens meubles corporels et incorporels, cessibles, qui appartiennent aux époux au moment de la célébration du mariage et tous ceux qu'ils acquièrent pendant le mariage, même à titre de donation et succession, tombent, en principe, dans la communauté pour la pleine propriété : les premiers, à l'instant de cette célébration, et les autres, au fur et à mesure de leur acquisition (art. 1401-1°).

La communauté est donc cessionnaire des droits mobiliers incorporels des époux.

9. La présomption générale est que tout immeuble est acquêt de communauté, sauf preuve contraire (art. 1402).

10. L'être moral communauté est usufruitier de tous les biens restés propres aux époux d'après les principes contenus dans les articles 1401 et suiv.

Cet usufruit a ses règles particulières : telles sont celles comprises dans les articles 1403 et

1437, relatifs, l'un aux coupes de bois et aux produits des mines et carrières, et l'autre aux dépenses faites par la communauté à l'occasion des biens propres des époux : règles exceptionnelles reposant sur cette idée essentiellement juste et sage, reproduite plusieurs fois dans la loi, qu'on ne doit jamais mettre une personne entre son devoir et son intérêt.

L'usufruit de la communauté est général, indéterminé ; il repose sur tous les biens propres des époux à mesure qu'ils entrent dans leurs patrimoines respectifs ; il est susceptible de plus ou de moins parce que les époux sont toujours libres de disposer de leurs biens. Tant mieux pour la communauté si l'opération que fait l'époux lui est avantageuse, tant pis pour elle si cette opération lui est défavorable ; il n'y a, à cet égard, ni compte à régler entre les époux et la communauté, ni lieu à invoquer la maxime que « nul ne doit s'enrichir au détriment d'autrui » ; car ce n'est pas « s'enrichir au détriment d'autrui » que de le faire en vertu d'un droit propre. Or, ce droit propre est, pour les époux, de disposer de leurs biens quand et de la manière qu'ils le jugent convenable (arg. 1428-3°, C. N.), et, pour la communauté, d'avoir l'usufruit des biens des époux tant qu'ils sont entre leurs mains et tels qu'ils s'y trouvent.

Mais comme cet usufruit n'est et ne peut être, en définitive, qu'une application à la communauté des règles de l'usufruit ordinaire, il doit être soumis aux principes formulés dans le chapitre premier de l'usufruit (art. 578 et suiv., C. N.), à moins de dispositions explicitement ou implicitement contraires.

11. La communauté dissoute suivant les modes indiqués par la loi (art. 1441 et suiv.), l'être moral s'évanouit, son usufruit cesse, et les époux ou leurs héritiers sont copropriétaires par indivis des biens ayant formé l'élément propriété de la société conjugale, sauf le droit qu'ont la femme et ses héritiers de renoncer à la communauté (art. 1453 et 1466).

12. L'être moral communauté disparu, il y a lieu de procéder entre les époux ou leurs héritiers au partage des biens communs. Mais, pour procéder à ce partage, il faut d'abord déterminer la masse partageable.

13. Cette masse n'est pas ordinairement celle qui se trouve sous la main de l'époux momentanément chargé de l'administration de la communauté depuis la dissolution.

En effet, d'un côté, la masse existant au jour de la dissolution de la communauté, et qui est précisément celle que le mari administrait pendant sa durée, peut ne pas renfermer tout ce qui est à partager, puisque l'un des époux, ou même les deux, ont peut-être pris dans la caisse commune, en vue de leur intérêt personnel, des valeurs qu'ils n'y ont pas remises. De là l'objet des rapports indiqués par les art. 1468 et 1469.

D'un autre côté, cette masse peut contenir plus que ce qui est à partager, puisqu'elle comprend non-seulement les biens communs, mais encore les biens personnels du mari ou de la femme. De là l'objet des reprises (art. 1470 et suiv.).

La masse partageable de communauté est donc ce qui reste de la masse existant au moment de la dissolution de la communauté, grossie, d'un côté, des rapports effectués par les époux, et diminuée, de l'autre, de leurs reprises (art. 1474).

14. De là la division toute naturelle :

Chapitre premier, Rapports (art. 1468 et 1469).

Chapitre deuxième, Reprises (art. 1470 à 1473).

Chapitre troisième, Partage (art. 1474 à 1478).

Chapitre quatrième, Règlement du passif de la communauté (art. 1482 à 1492).

Enfin, ce travail sera terminé par un aperçu de liquidation, au point de vue pratique, lequel fera l'objet du chapitre cinquième et dernier.

15. Mais, avant d'entrer en matière, il faut,

pour la solution des différentes questions qui se présenteront, admettre une règle générale qui nous serve de guide, un *criterium;* car toute science a son *criterium* particulier.

Le juste peut à lui seul servir de *criterium* aux sciences spéculatives, mais il faut, pour les sciences pratiques, un élément de plus, l'utile ; le juste et l'utile, voilà le *criterium* particulier du droit positif.

CHAPITRE Ier.

RAPPORTS.

16. Le rapport est le rétablissement réel ou fictif, dans la masse générale de communauté, des biens de cette communauté dont les époux ont retiré un avantage personnel.

Ce rapport est indiqué par les art. 1468 et 1469, C. Nap.

Il repose sur la grande maxime d'équité, que « nul ne doit s'enrichir au détriment d'autrui ».

Toutes les fois donc que les époux ont retiré un profit personnel des biens de la communauté, ils lui en doivent la *récompense* ou *indemnité*.

17. Le principe des récompenses dues par

les époux à la communauté se trouve dans l'art. 1437, ainsi conçu :

« Toutes les fois qu'il est pris sur la commu-
« nauté une somme, soit pour acquitter les
« dettes ou charges personnelles à l'un des
« époux, telles que le prix ou partie du prix
« d'un immeuble à lui propre, ou le rachat de
« services fonciers, soit pour le recouvrement,
« la conservation ou l'amélioration de ses
« biens personnels, et généralement toutes les
« fois que l'un des deux époux a tiré un profit
« personnel des biens de la communauté, il
« en doit la récompense. »

18. Les causes de ces récompenses peuvent se réduire à deux principales :

1° Acquittement des dettes ou charges personnelles aux époux ou relatives à leurs biens propres ;

2° Emploi des biens de la communauté à l'amélioration des biens propres des époux.

SECTION Ire.

Acquittement des dettes et charges personnelles aux époux ou relatives à leurs biens propres.

19. Ces dettes et charges ont leur source :

1° Dans les obligations des époux, soit antérieures, soit postérieures à la célébration du mariage ;

2° Dans les successions recueillies par eux soit avant, soit pendant le mariage.

§ 1er. — Dettes et charges contractées par les époux soit avant, soit pendant le mariage.

1° *Dettes contractées par les époux avant le mariage.*

20. L'art. 1409 pose en principe que le passif de la communauté se compose de toutes les dettes mobilières existant au jour du mariage. Les dettes immobilières en sont exceptées.

Si la loi s'arrêtait là, toutes les dettes mobilières, d'après leur objet, seraient *définitivement* communes. La corrélation entre la composition active (art. 1401) et la composition passive de communauté serait absolue.

21. Mais, après avoir posé ce principe, vrai seulement à l'égard du droit de poursuite des créanciers, la loi fait une exception au profit de la communauté; elle recherche, dans certains cas, la cause et l'origine de la dette : c'est là ce qu'exprime l'art. 1409-1° *in fine*, par ces mots : « Sauf récompense pour celles (les dettes) relatives aux immeubles propres à l'un ou à l'autre des époux. »

Ainsi, toutes les dettes relatives aux immeubles propres des époux ne tombent dans la communauté que sauf récompense, c'est-à-dire ne sont qu'*accidentellement* communes.

Telles sont, à titre d'exemple, les dettes dont l'époux n'est pas tenu personnellement, mais seulement comme détenteur d'un immeuble hypothéqué par lui à la dette d'autrui ou d'un immeuble grevé d'hypothèque par un précédent propriétaire. Dans ces cas, si la communauté paye, il lui sera dû récompense; car c'est la chose et non la personne qui doit. C'était déjà le droit des Coutumes (Pothier, n° 238, *de la Communauté*).

Tels sont encore les cas d'une application plus directe des art. 1409 et 1437, C. Nap., où l'un des époux doit encore, en totalité ou en partie au moment du mariage, le prix d'un immeuble par lui acquis, ou la soulte provenant d'un partage d'immeubles effectué par lui et ses copartageants avant cette époque. Ce n'était pas le droit de la plupart des Coutumes, et notamment de celle de Paris; mais c'était celui des auteurs, et particulièrement de Pothier (n° 239, *Communauté*).

Toutefois, pour que ces diverses dettes donnent lieu à récompense, il faut que les immeubles auxquels elles se rapportent appartiennent encore aux époux au moment du mariage.

Dans le cas contraire, ces dettes n'étant plus que des dettes purement mobilières sont *définitivement* communes.

D'ailleurs, il ne se fait aucune compensation entre les dettes des époux relatives aux propres de chacun d'eux et leurs créances mobilières, par exemple, entre le prix d'acquisition qu'ils doivent et le prix de vente qui leur est dû au moment de la célébration du mariage. C'est là la conséquence de la différence admise entre la composition active de la communauté, dans laquelle on ne considère que l'objet de la créance, et la composition passive, pour laquelle on examine quelquefois la cause et l'origine de la dette.

22. Quoique l'art. 1409-1° n'exclue du passif de la communauté que les dettes relatives aux immeubles, il faut appliquer la même théorie aux dettes relatives aux meubles qui seraient propres aux époux. En effet, si l'art. 1409-1° ne mentionne que les immeubles, c'est que, dans la pensée du législateur, il n'y avait, en principe, que ces biens qui devaient rester propres aux époux (art. 1401 et suiv.). Mais, comme l'exception prévue par la loi est évidemment basée sur l'idée que le passif relatif aux propres doit être supporté par ces mêmes biens, il faut décider que les dettes relatives aux propres mobiliers ou immobiliers, corporels ou incorporels, ne sont à la charge de la communauté que sauf récompense. En effet, le sens vrai de l'exception contenue dans l'art. 1409-1° et développée par l'art. 1437 est de rechercher la cause et l'origine de la dette pour savoir si l'époux a pu ou dû retirer un profit personnel de son extinction, et de n'imposer à la communauté, sans récompense, que les dettes purement mobilières dont l'extinction ne procure à l'époux débiteur que sa libération pure et simple.

23. Ainsi, je considère, comme devant donner lieu à une récompense de la part de l'époux débiteur au profit de la communauté, l'acquittement, en biens communs, de la dot promise avant la célébration du mariage et payée, après cette célébration, par l'un des époux à un enfant d'un premier lit ; car il ne s'agit pas là de l'extinction d'une dette purement mobilière, mais bien plutôt de l'extinction d'une dette incontestablement personnelle à l'époux donateur, et qui ne doit profiter qu'à lui seul en lui permettant de conserver ses propres dans le présent et de les voir augmenter dans l'avenir en cas de prédécès du donataire (art. 747, C. N.).

24. A l'égard de toutes les autres dettes antérieures au mariage, dont l'extinction n'est susceptible de procurer à l'époux débiteur d'autre avantage que sa libération pure et

simple, sans aucun profit pour son patrimoine personnel, elles sont à la charge *définitive* de la communauté, quelle qu'en soit la cause : contrat, quasi-contrat, délit, quasi-délit; et quelle qu'en soit la qualité : dettes chirographaires ou dettes hypothécaires; car l'hypothèque n'est qu'un accessoire, une garantie de la créance qui n'enlève pas à la dette son caractère personnel, pourvu que, si ces dettes proviennent du chef de la femme, elles aient acquis date certaine antérieurement au mariage (art. 1410, C. N.).

2° *Dettes des époux contractées pendant le mariage.*

25. Le mari administre seul la communauté (art. 1421). Ses pouvoirs sont très-étendus, illimités pour les actes à titre onéreux; mais ils sont restreints pour les actes à titre gratuit (art. 1422). Le législateur moderne a modifié l'ancien droit d'après lequel le mari pouvait disposer à l'égard des tiers, d'une manière absolue, des biens de la communauté, soit à titre onéreux, soit à titre gratuit.

26. Le mari étant seul préposé à l'administration de la communauté, peut donc seul l'obliger en principe.

Obligée par le mari, la communauté est tenue de toutes ses dettes mobilières ou immobilières contractées par lui.

27. Peu importe la cause de la dette : contrat, quasi-contrat, délit, quasi-délit, délit criminel, délit civil; le mari étant obligé, la communauté se trouve obligée par lui.

28. Peu importe encore dans quel intérêt la dette ait été contractée : intérêt du mari ou de la femme, de la communauté ou d'un tiers; les créanciers ont toujours action sur les biens de la communauté.

29. Quant à la femme, écartée de l'administration de la communauté, elle ne peut, sans l'autorisation du mari, obliger la communauté, même avec l'autorisation de la justice (C. N., 1426).

Il y a, cependant, quelques circonstances dans lesquelles la loi, se préoccupant de l'intérêt de la famille, permet à la femme d'obliger la communauté sans l'autorisation du mari : tels sont les cas prévus par l'art. 1427, C. N. Mais, même dans ces cas si favorables qu'ils soient, la femme ne peut obliger la communauté, à défaut de l'autorisation maritale, sans l'autorisation de justice.

30 Cela posé, voyons dans quels cas il est dû récompense à la communauté qui a acquitté les dettes des époux.

31. Et d'abord, la communauté n'est jamais tenue, même *accidentellement*, des dettes provenant des délits et quasi-délits de la femme.

Si elle les paye, elle fait un acte purement volontaire; car, si la femme ne peut jamais, *propria voluntate*, obliger la communauté par ses contrats, à plus forte raison ne le peut-elle pas par ses délits et quasi-délits.

La communauté serait toutefois tenue *de in rem verso*, c'est-à-dire jusqu'à concurrence du profit qu'elle en aurait retiré, des délits et quasi-délits de la femme.

32. A l'égard des dettes provenant des délits et quasi-délits du mari, elles sont toujours à la charge de la communauté, parce que le mari peut l'obliger, et que, toutes les fois que le mari est obligé, la communauté l'est avec lui et par lui.

Mais la communauté ne supporte *définitivement* que les dettes qui résultent des quasi-délits du mari. En effet, les quasi-délits ne sont pas des faits coupables, mais le plus souvent des accidents inséparables de toute administration; il serait dès lors injuste de les faire supporter au mari administrateur.

En conséquence, il est dû récompense à la communauté, non-seulement des amendes, mais encore des réparations civiles, payées par elle à raison des délits du mari (arg. 1424 et 1425, Code Nap. combinés; Colmar, 29 décembre 1849, D. P. 1853, 2, 77).

33. Quant aux dettes contractées pendant le

mariage par le mari, ou par la femme autorisée de son mari, ou par les deux conjointement, il faut examiner si ces dettes ont été contractées dans l'intérêt de la communauté ou dans l'intérêt des époux. Dans le premier cas, elles sont *définitivement* communes; dans le second, elles ne le sont qu'*accidentellement*. C'est ce qu'exprime l'art. 1409-2° par ces mots : « sauf la récompense dans les cas où elle a lieu, » et que développe l'art. 1437, en posant en principe que : « toutes les fois que l'un des époux a tiré un profit personnel des biens de la communauté, il en doit la récompense. »

34. Les dettes contractées par les époux et donnant lieu à récompense au profit de la communauté qui les a acquittées, sont : les unes purement personnelles, les autres relatives à leurs biens propres.

35. *Dettes personnelles.* — On en trouve des exemples dans les constitutions des dots faites et payées par les époux pendant la communauté, en biens communs, soit aux enfants d'un précédent mariage (art. 1469), soit aux enfants communs, d'après les distinctions établies dans les art. 1438 et 1439, Code Nap.

36. *Dettes relatives aux biens propres des époux.* — Il est dû récompense à la communauté de toutes les sommes acquittées par elle

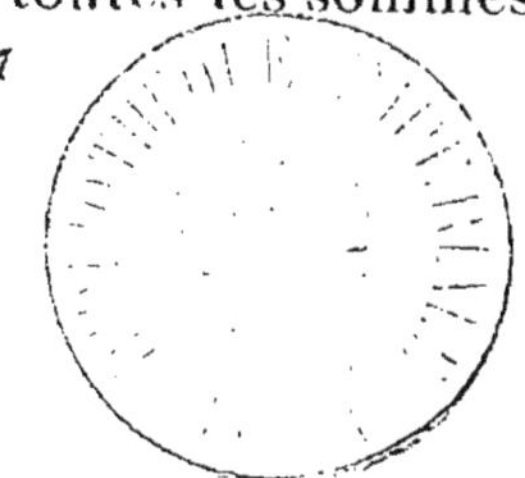

à la décharge des époux et relatives à leurs biens propres :

1° Pour le rachat de services fonciers grevant les biens immeubles des époux (art. 1437) (1);

2° Pour l'acquisition de biens immeubles pendant le mariage, en vertu de causes faisant des propres, telles que : donations, soit entre vifs, soit testamentaires, faites avec charges (art. 953, 1405); cession d'immeubles par un ascendant (art. 1406) ; échange avec soulte de la part de l'époux (art. 1407); réunion par licitation ou autrement de portions d'un immeuble dont l'un des époux serait devenu copropriétaire par indivis, à titre de propre, avant ou

---

(1) En serait-il de même du rachat de l'usufruit? Pour décider la question, il faut analyser l'opération du rachat. Et d'abord, il est incontestable que si au lieu d'un rachat, c'est-à-dire de la renonciation au droit lui-même par le tiers usufruitier, il s'agissait de l'achat de l'exercice de ce droit pendant toute la durée de la communauté, celle-ci, ayant fait sa propre affaire, n'aurait rien à réclamer à l'époux nu propriétaire, car la position de ce dernier ne se trouverait pas modifiée. Au contraire, dans le cas de rachat, la position de l'époux nu propriétaire est changée. Mais dans quel intérêt? C'est ce qu'il faut examiner. Avant le rachat, l'immeuble de l'époux était grevé de deux droits d'usufruit : l'un actuel, au profit d'un tiers étranger; l'autre éventuel, au profit de la communauté. Après le rachat, l'usufruit du tiers a disparu pour faire place à l'usufruit de la communauté. Mais alors l'opération a donc profité à la communauté seule? Il faut distinguer : oui, jusqu'à

pendant le mariage (art. 1408-1°); retrait d'indivision (art. 1408-2°); retrait successoral (article 841);

3° Pour le recouvrement, par l'exercice d'actions immobilières, de biens immeubles aliénés avant le mariage, telles que les actions en réméré (art. 1673), en rescision pour lésion (art. 1681), en nullité et en résolution expresse ou tacite.

Toutefois, si la résolution avait lieu pour défaut de payement du prix d'un immeuble aliéné avant le mariage par l'un des époux, il n'y aurait pas à s'occuper de récompense, parce que la communauté étant devenue cessionnaire

---

sa dissolution, car l'intérêt de l'époux nu propriétaire ne commence qu'à cette époque, et cet intérêt n'aura jamais existé si le tiers usufruitier, en supposant l'usufruit constitué sur sa tête, était mort au moment de la dissolution de la communauté.

En conséquence, je déciderais qu'il n'y aura lieu à récompense, par suite du rachat de l'usufruit, qu'autant que le tiers usufruitier, dans l'espèce, aura survécu à la communauté, et cette récompense sera alors de la valeur estimative de l'usufruit au moment de la dissolution de la communauté. En effet, l'opération a pour moi un double caractère : achat de l'exercice de l'usufruit au profit de la communauté pendant sa durée, et rachat éventuel au profit de l'époux nu propriétaire.

Il en serait de même du rachat d'une rente viagère due par l'un des époux, et, par conséquent, par la communauté du chef de cet époux.

du prix de vente (art. 1401-1°), l'immeuble, recouvré par l'exercice de l'action résolutoire, est un acquêt et non un propre de communauté; car si la résolution a pour effet de remettre « les choses au même état que si l'obligation n'avait jamais existé (art. 1183), » cela n'est vrai qu'au point de vue *passif*, c'est-à-dire à l'égard de l'acheteur et ses ayants cause, mais non au point de vue *actif*, à l'égard du vendeur et ses représentants et ayants cause, ici la communauté. A plus forte raison en serait-il de même en cas de résolution volontaire.

4° Pour la conservation d'un immeuble acquis à vil prix, avant le mariage, par l'un des époux, sur l'action en rescision intentée pendant la communauté par le vendeur (art. 1681), et pour la conservation du lot échu à l'époux, soit sur l'action en rescision pour lésion (article 891), soit sur l'action en garantie;

5° Pour le payement de tous frais d'enregistrement, honoraires et autres frais relatifs à l'acquisition, à la conservation et au recouvrement de biens propres.

37. Il est encore dû récompense à la communauté :

1° De ce qu'elle a payé en exécution d'une transaction au moyen de laquelle l'époux a recouvré ou conservé un immeuble sur lequel il avait acquis des droits, à titre de propres, soit avant le mariage, soit pendant la communauté;

2° De la somme acquittée pour le compte de l'époux, par suite de la réalisation d'une condition suspensive insérée dans un contrat d'acquisition d'immeubles antérieur au mariage, parce que la condition accomplie ayant « un effet rétroactif au jour auquel l'engagement a été contracté (art. 1179), » et l'engagement étant antérieur au mariage, l'immeuble acquis est un propre, et la dette acquittée une dette relative à un propre.

Mais que décider de l'accomplissement, pendant le mariage, de la condition résolutoire insérée dans un contrat de vente consenti par l'un des époux avant le mariage? Je crois qu'il sera encore, dans ce cas, dû récompense à la communauté de la somme payée par elle à l'acheteur primitif, quand même elle aurait touché le prix de vente. En effet, ce n'est pas en vertu de la condition résolutoire que l'époux devient débiteur de cette somme (car la condition résolutoire n'a d'effet qu'à l'égard de l'acheteur, puisque les risques sont à la charge de ce dernier jusqu'à l'arrivée de la condition); mais il en devient débiteur en vertu d'une condition suspensive réalisée à son profit, comme conséquence de la condition résolutoire accomplie, et qui lui transfère rétroactivement la propriété de l'immeuble qu'il avait originairement vendu, s'il existe encore au moment de l'arrivée de cette condition.

38. Récompense est encore due à la communauté par l'époux héritier :

En cas de partage d'une succession mixte, c'est-à-dire partie mobilière et partie immobilière, ouverte, soit avant, soit pendant le mariage, et liquidée pendant la communauté, de tout ce que cet époux a eu, dans son lot, de plus d'immeubles, à proportion, que de meubles; car ce qu'il prend de plus que sa part héréditaire dans les immeubles est la représentation de ce qu'il prend de moins que cette part dans les valeurs mobilières, et, par conséquent, aux dépens de la communauté cessionnaire des droits mobiliers des époux (art. 1401);

Et en cas de partage avec soulte d'une succession immobilière, si cette soulte due par l'époux a été acquittée par la communauté.

En effet, dans mon opinion, comme j'essaierai de le démontrer plus loin, nos 91 et suiv., le partage est attributif dans les rapports respectifs des copartageants entre eux.

Tout ce qui vient d'être dit des successions échues aux époux s'applique à tout partage, soit d'une masse générale, soit d'objets particuliers dans lesquels l'époux a un droit indivis de copropriété, à titre de propre, pour telle cause que ce soit.

39. En résumé, toutes les fois que les époux ont tiré un profit personnel des biens de la communauté, ils lui en doivent la récompense (art. 1437) (1).

Mais il faut bien comprendre la portée de l'art. 1437. Il ne s'agit, selon moi, dans cet article que des profits qui ont tourné, dès leur principe, à l'avantage perpétuel de l'un des époux. Je reviendrai sur cette idée en parlant des améliorations faites sur les propres des conjoints pendant le mariage.

§ 2. — Dettes et charges des successions recueillies par les époux, soit avant, soit depuis le mariage.

1° *Dettes des successions échues avant le mariage.*

40. La loi ne fait mention dans l'art. 1409-1°

---

(1) Ainsi, il a été jugé que lorsque, au moyen d'un capital tiré de la communauté, une rente viagère a été créée au profit des époux avec clause de reversibilité sur la tête du survivant, la jouissance de cette rente continuée après la dissolution de la communauté constitue pour l'époux survivant un avantage à raison duquel il doit récompense à la communauté.

Et cette récompense doit être de la valeur estimative qu'avait la rente au jour de la dissolution de la communauté. Cassation, 29 avril 1851 ; Paris, 11 juin 1853 (S. 1853, 2, 456.—D. P. 1854, 2, 88).

que des successions échues pendant la communauté à l'un ou à l'autre des époux. Elle se tait complétement sur les successions échues avant le mariage.

41. Faut-il dès lors appliquer aux dettes de ces dernières la disposition de l'art. 1409-1°, relative aux dettes antérieures au mariage, ou les dispositions des art. 1411 et suiv., relatives aux dettes des successions échues pendant le mariage ?

Il faut leur appliquer la disposition de l'article 1409-1° relative aux dettes antérieures au mariage : voici la raison de décider.

En principe, de même que la communauté se compose activement de tous les biens meubles appartenant aux époux au jour du mariage, ou de tous ceux qui leur échoient pendant le mariage à tel titre que ce soit, de même elle devrait logiquement se composer passivement de toutes les dettes mobilières corrélatives. Toute disposition contraire constitue donc une exception. Les dispositions des art. 1411 et suiv. sont donc exceptionnelles et doivent être restreintes aux cas qu'elles prévoient, c'est-à-dire aux successions échues pendant le mariage. C'est donc l'article 1409-1°, règle générale en cette matière, qui doit régir les dettes des successions ouvertes avant le mariage.

En conséquence, toutes les dettes mobilières

d'une succession immobilière, par exemple, sont à la charge *définitive* de la communauté, pourvu toutefois qu'elles ne soient pas relatives, dans le sens de l'art. 1409-1° *in fine*, aux immeubles recueillis ; car il serait alors dû récompense à la communauté qui les aurait acquittées.

2° Dettes des successions recueillies pendant le mariage.

42. La loi ne suit pas à l'égard des dettes dont sont grevées les successions ouvertes pendant le mariage les règles admises pour les dettes antérieures au mariage.

Et d'abord, elle ne fait aucune distinction entre les dettes mobilières et les dettes immobilières; c'est ce qui résulte des articles 1411 et suivants: et, en second lieu, elle établit une proportion entre les bénéfices et les charges.

La communauté a tout le passif mobilier et immobilier à sa charge lorsqu'elle profite de tout l'actif (art. 1411) ; elle n'est grevée d'aucune dette quand tous les biens demeurent propres à l'époux héritier (art. 1412) ; c'est l'époux héritier qui est alors chargé de la totalité des dettes, du moins en capital. Enfin, elle en supporte une part proportionnelle, quand elle ne recueille qu'une portion des biens héréditaires (art. 1414).

43. Cette règle de proportion entre les bénéfices et les charges n'est pas observée à l'égard des dettes antérieures au mariage: la loi ne considère que la nature des biens pour mettre en corrélation les dettes de même nature. Aux biens immeubles, les dettes et charges immobilières; aux biens meubles, les dettes et charges purement mobilières, excédassent-elles l'actif mobilier, ou l'actif ne se composât-il que d'immeubles, sauf, bien entendu, le tempérament apporté par l'article 1409-1° pour les dettes relatives aux propres.

44. Le Code a consacré, pour les dettes antérieures au mariage, la pratique de l'ancien droit, pratique qui était cependant critiquée. Pothier aurait voulu qu'on adoptât, pour les dettes antérieures, la règle déjà admise pour les successions échues pendant le mariage.

Les rédacteurs du Code se sont laissé dominer par cette idée que la communauté légale était particulièrement le régime de la classe pauvre, laquelle, n'ayant rien ou presque rien au moment du mariage, ne fait pas généralement de contrat pour éviter les frais auxquels il donne lieu; et que c'était, par conséquent, aller contre le but de l'institution de la communauté légale que d'exiger un inventaire ou autre acte équivalent pour constater, au moment du mariage, les biens et les dettes des époux. En effet, il eut été alors plus simple d'exiger un contrat de mariage.

45. Tout ce que je viens de dire des dettes des successions échues, soit avant, soit pendant le mariage, s'applique aux donations (art. 1418). J'observerai toutefois que, si le donateur de biens mobiliers avait fait sa libéralité sous la condition que les objets donnés n'entreraient pas en communauté, les dettes et charges de cette donation seraient personnelles à l'époux donataire; car le système de la loi à l'égard, soit des successions, soit des donations échues ou recueillies pendant le mariage, est d'établir une corrélation parfaite entre l'émolument et les charges.

SECTION II.

Emploi des biens de la communauté à l'amélioration des propres des époux.

46. La communauté n'ayant que l'usufruit des biens propres des époux ne doit être tenue que des charges usufructuaires de ces biens: c'est ce que décide l'art. 1409-4°.

En conséquence, si le mari a fait servir les deniers de la communauté à d'autres dépenses qu'à celles usufructuaires, ce n'est plus seulement l'intérêt de la communauté qui est en jeu, mais l'intérêt personnel de l'époux nu propriétaire. De là une cause de récompense, car « nul ne doit s'enrichir au détriment d'autrui ».

47. La loi est même ici plus rigoureuse qu'en matière d'usufruit ordinaire. En effet, l'usufruitier ne peut demander « aucune indemnité pour les améliorations qu'il prétendrait avoir faites, encore que la chose en fût augmentée (art. 599-2°) ; » tandis qu'il est dû récompense à la communauté usufruitière de toutes les dépenses d'amélioration qu'elle a faites dans les biens propres des époux (art. 1437).

Cette différence entre l'usufruit de la communauté et l'usufruit ordinaire est sage ; elle était nécessaire. Car, si son propre intérêt fait une loi à l'usufruitier ordinaire de ne pas étendre ses dépenses, le même intérêt devait entraîner les époux à les exagérer, puisqu'eux seuls étaient appelés à en profiter comme nu propriétaires. Dès lors la communauté n'eût plus été qu'un être purement imaginaire.

Ainsi, toutes les dépenses d'amélioration faites par le mari, comme chef de la communauté, soit dans ses propres personnels, soit dans les propres de sa femme, donnent lieu à une récompense au profit de la communauté.

48. Mais que doit-on entendre par dépenses

d'amélioration donnant lieu à récompense dans le sens de l'art. 1437?

Je pense qu'il s'agit là de dépenses concernant l'utilité perpétuelle de la chose, de dépenses susceptibles de procurer, dans le moment actuel et même seulement dans l'avenir, une augmentation de valeur, comme capital, à la chose à l'occasion de laquelle elles ont été faites, caractère que n'ont pas les dépenses usufructuaires. Je citerai comme exemple de dépenses donnant lieu à récompense : les grosses réparations (art. 606, Code Nap.), l'édification de maisons, granges ou autres bâtiments sur les immeubles des époux, les plantations de bois, les grands travaux de drainage, etc., etc. ; en un mot, toutes les dépenses qui ont le caractère de spéculation et qui nécessitent, le plus souvent, chez celui qui les fait, l'emploi de capitaux importants ; voilà quel est le sens du mot amélioration dans l'art. 1437.

D'où la conséquence que toutes les dépenses, faites par la communauté comme usufruitière, eussent-elles procuré à l'époux propriétaire un avantage certain, ne donneront lieu à aucune indemnité à son profit. Tant mieux pour l'époux sur le fonds duquel elles ont été faites.

Tels sont les frais des labours et semences de la récolte pendante au moment de la dissolution de la communauté. Il est vrai qu'il en était autrement dans l'ancien droit (coutumes de Paris, art. 231, et d'Orléans, art. 208); mais alors, pourquoi le législateur moderne n'a-t-il pas reproduit les dispositions de ces coutumes? Parce qu'il n'a pas voulu les consacrer par la loi nouvelle.

En effet, les dispositions des articles précités des coutumes de Paris et d'Orléans n'étaient que l'application à la communauté des principes admis pour l'usufruit ordinaire. D'après ces principes le propriétaire était obligé, l'usufruit cessant, de rembourser aux héritiers de l'usufruitier les frais des labours et semences et autres dépenses (Pothier, n° 272, *du Douaire*). Cette obligation donnait lieu aux plus graves difficultés. Que fait le législateur moderne? Il admet le principe contraire, principe peut-être rigoureux, mais nécessaire pour faire disparaître toutes ces difficultés.

Mais la disposition de l'art. 585 est-elle applicable à l'usufruit de la communauté? Évidemment. Pour qu'il en fût autrement, il faudrait qu'il existât un texte de loi exceptionnel, clair et précis; car il est admis, en droit, qu'il faut, pour l'interprétation de la loi générale, se reporter aux principes consignés dans la loi spéciale : or, ce texte exceptionnel n'existe pas. L'art. 585 est donc applicable à l'usufruit de la communauté.

L'opinion contraire est cependant admise par un grand nombre d'auteurs et par la jurisprudence (Rennes, 26 janvier 1828; Bordeaux, 22 mai 1841; Douai, 20 décembre 1848; D. P., 1850, 2, 192).

Mais sur quoi s'appuie-t-on? Les auteurs, entre autres Toullier (t. XII, n°s 124 et suiv.), nient l'existence de l'usufruit de la communauté. Niant cet usufruit, il est naturel dès lors qu'ils rejettent l'application de l'art. 585 à la communauté. C'est là une erreur évidente, car l'usufruit de la communauté existe (art. 1401-2°, 1409-3° et 4°, et arrêts précités). Qu'est-ce, en effet, que l'usufruit? C'est le droit de jouir d'un objet individuel ou d'une masse de biens, c'est-à-dire d'en percevoir tous les produits ayant le caractère de fruits comme le propriétaire lui-même, à la condition de supporter certaines charges. Or, quel est le droit de la communauté sur les propres des époux? Elle peut en percevoir tous les revenus, de quelque nature qu'ils soient, fruits, intérêts, arrérages (art. 1401-2°), à la condition de supporter certaines charges (art. 1409-3° et suiv.). L'usufruit de la communauté existe donc. Le nier, c'est nier l'existence des art. 1401-2° et 1409-3° et suivants. Sans doute, cet usufruit n'a pas tous les caractères de l'usufruit ordinaire; il ne peut même pas les avoir, ainsi que je l'ai déjà fait remarquer (nos 10 et 47), à raison des relations particulières des époux et de la communauté ; mais ce n'est pas un motif pour le nier. Cet usufruit existe donc ; il faut donc dès lors lui appliquer toutes les dispositions de l'usufruit ordinaire, auxquelles il n'a pas été explicitement ou implicitement dérogé dans la loi qui régit la société conjugale.

Mais y a-t-il, dans cette loi, une disposition contraire à l'art. 585 ? Les arrêts précités n'osant pas, comme Toullier, nier l'existence de l'usufruit de la communauté, prétendent que l'art. 585 n'est applicable qu'à l'usufruit ordinaire ; que la loi nouvelle a maintenu les anciens principes. Ils s'appuient, pour le décider, sur la disposition finale de l'art. 1437 : « et généralement, etc. » C'est encore là une erreur ; car cette disposition n'est qu'une de ces terminologies, d'ailleurs caractérisée dans l'art. 1437 par les exemples qui précèdent, et dont le législateur se sert souvent pour éviter les omissions inséparables de toute nomenclature. L'art. 1437 ne contient donc aucune disposition contraire à l'art. 585.

Je vais même plus loin, et je soutiens que les rédacteurs, après avoir posé le principe de l'art. 585, ne devaient y faire aucune dérogation en faveur de la communauté : en effet, le but de la loi a été, comme je l'ai déjà dit, de faire cesser les difficultés nombreuses et souvent très-graves qui s'élevaient, dans l'ancien droit, entre les héritiers de l'usufruitier et le propriétaire. Il eût donc été, dès lors, illogique de laisser subsister ces difficultés dans la communauté, là où tout doit se régler sans fiel et sans amertume : « *non amare res tractandæ inter conjuges.* »

Mais, s'il était dû récompense des frais de labours et semences faits incontestablement par la communauté, en vue d'elle-même et comme usufruitière, pourquoi n'en serait-il pas dû pour les frais d'engrais non-seulement annuels, mais périodiques, dont l'influence bienfaisante se fait sentir pendant des années nombreuses en se répartissant sur plusieurs récoltes successives; pour les frais de garde et d'impôt des bois propres aux époux, dont la communauté n'a peut-être retiré aucun profit, etc.? Alors que de difficultés pour l'appréciation de ces indemnités! Que de lenteurs apportées aux liquidations de communauté déjà si laborieuses et si lentes!

Aussi les anciens principes ont été remplacés, même pour la communauté, par le principe nouveau consacré par l'art. 585. Qu'on examine avec soin la discussion qui eut lieu au Conseil d'État, et l'on restera convaincu que c'est là le véritable sens de la loi (Fenet, t. XI, p. 177, et t. XIII, p. 563).

En conséquence, il est dû récompense à la communauté pour les dépenses d'amélioration ayant pour but de procurer aux biens des époux une utilité perpétuelle comme capital, c'est-à-dire ayant un caractère de spéculation; mais cette récompense n'est jamais due à raison des dépenses usufructuaires, pour si grand et si évident que soit l'avantage que les époux doivent en retirer.

49. Voyons maintenant quelle est l'étendue de la récompense due par l'époux à la communauté. Est-elle de la somme déboursée par la communauté, ou de la plus-value procurée à l'immeuble dans lequel les dépenses ont été faites?

Il faut distinguer trois espèces de dépenses:

Les dépenses nécessaires, c'est-à-dire celles que les époux auraient été obligés de faire de leurs deniers personnels ou avec des deniers empruntés à un tiers, si elles n'avaient pas été faites avec les deniers de la communauté.

Les dépenses utiles, c'est-à-dire celles qu'on pouvait se dispenser de faire, mais qui, faites, ont augmenté la valeur de la chose.

Enfin les dépenses voluptuaires, c'est-à-dire celles qui, en général, ne procurent que de l'agrément sans augmenter la valeur de l'immeuble sur lequel elles sont effectuées.

Pas de difficulté pour les dépenses nécessaires; la récompense est due de la somme employée, quand même la chose sur laquelle les dépenses auraient été faites n'existerait plus ou ne se trouverait pas augmentée. Tous les auteurs sont d'accord.

Mais la difficulté commence à l'égard des dépenses utiles. Pothier (n° 636, *de la Communauté*) et plusieurs auteurs modernes après lui, décident que la récompense n'est due que de la plus-value procurée à l'immeuble à l'époque de la dissolution de la communauté, sans que jamais cette récompense puisse dépasser la somme déboursée, quel que soit le profit retiré (1).

La raison, dit Pothier (*loc. cit.*), est que le mari, étant maître absolu de la communauté, peut en employer les biens comme bon lui semble, pourvu qu'il n'avantage ni lui ni sa femme.

Cette opinion, que j'aurais combattue dans l'ancien droit, car ce pouvoir absolu n'était et ne pouvait être donné au mari que dans

---

(1) Ainsi jugé par la cour de Douai (arrêt du 16 juillet 1853, D. P. 1854, 2, 62), mais sans donner aucun motif.

l'intérêt exclusif de la communauté, je la repousse de toutes mes forces, sous l'empire du droit nouveau, où le mari n'est plus que l'administrateur, le gérant de la société conjugale.

Les pouvoirs du mari sont, il est vrai, plus étendus que ceux d'un administrateur ordinaire, puisqu'il peut aliéner et hypothéquer les biens de l'association; mais ces pouvoirs presque illimités ne lui ont été évidemment conférés par la loi que pour la plus grande prospérité de la communauté.

Tout système qui, dans ses conséquences pratiques, tendrait à contrarier cette prospérité tant désirée, est donc contraire au but de la loi. Or, ce sont là les conséquences du système de Pothier et des auteurs qui l'ont suivi. En effet, le mari, placé entre son devoir qui est de faire prospérer la communauté et son intérêt qui est d'en employer les fonds à l'amélioration de ses biens personnels, doit succomber et se laisser aller à son propre intérêt avec d'autant plus d'entraînement qu'il a la chance de gagner sans avoir celle de perdre, puisqu'il ne devra à la communauté que la récompense de la plus-value, si elle est inférieure à la somme dépensée, et que celle de la somme dépensée si la plus-value lui est supérieure ; voilà une première conséquence irrésistible, désastreuse pour la communauté, du système de Pothier. Le mari est mis entre son devoir et son intérêt.

En voici une deuxième qui ne me paraît pas moins contraire au but de la loi : le mari, ayant l'administration des biens personnels de la femme, abandonnera le plus souvent les intérêts de cette dernière, pour ne s'occuper que des siens propres et augmenter ainsi son patrimoine au détriment de son conjoint.

Ce système est injuste dans ses conséquences ; il est donc faux.

Quant à moi, je pense que si les époux emploient les biens de la communauté dans leur intérêt personnel, qu'il s'agisse de dépenses nécessaires ou de dépenses seulement utiles, il est dû récompense à la communauté de la somme employée, ni plus ni moins que si cette somme avait été empruntée à un tiers ; car la communauté, pendant sa durée, est une tierce personne ayant son patrimoine distinct de celui des époux.

Qu'on ne vienne pas dire, comme le font quelques auteurs, que le mari, ayant le pouvoir de dissiper et de perdre la communauté, peut, à plus forte raison, en employer les biens dans son intérêt personnel. Car le mari n'a jamais reçu ni pu recevoir du législateur le droit de dissiper et de perdre la communauté. S'il le peut, ce n'est qu'accidentellement, comme conséquence et par *abus de la liberté illimitée* qu'il a reçue pour la faire prospérer.

Est-ce que la liberté a été donnée à l'homme pour faire le mal? Non; ce serait faire à Dieu la plus cruelle des injures. La liberté a été donnée à l'homme pour faire le bien, pour faire fructifier les nobles facultés dont il a été doué en vue de sa destination. Si l'homme fait le mal, c'est parce qu'il est libre, mais s'il fait le mal, il abuse du don de Dieu, et sa responsabilité commence.

Le législateur, qui est et doit être le représentant de Dieu sur la terre, n'a donc pu constituer le mari chef de la communauté pour la dissiper et la perdre. Or, n'est-ce pas la dissiper et la perdre que d'employer ses biens à un but autre que celui de sa prospérité directe, qu'elle soit ou non effective?

Dira-t-on que la communauté devra se féliciter, le plus souvent, de ce que le mari emploie les deniers de l'association à l'amélioration de ses propres, au lieu de courir les chances d'entreprises hasardeuses? Cette raison me touche peu : car, si la communauté court, dans les entreprises du mari, la chance de perdre, elle a du moins celle de gagner : tandis que, dans le système de Pothier, la communauté n'a que la chance de perdre sans avoir celle de gagner.

D'ailleurs le mari qui joue, qui hasarde les capitaux de la communauté dans une spéculation étrangère à lui-même, le fait toujours avec l'espoir de gagner et d'augmenter ainsi le patrimoine de la communauté. Au contraire, lorsqu'il les emploie à l'amélioration de ses propres, il n'a le plus souvent en vue que son intérêt personnel, puisque l'avantage que retire la communauté de l'augmentation de jouissance de la chose améliorée est toujours, ou presque toujours, inférieur à celui qu'elle eût retiré du simple placement ou tout autre emploi direct de son capital.

Ainsi donc les époux doivent la récompense de tout ce qu'ils ont pris dans la caisse de la communauté, soit pour leurs dépenses nécessaires, soit pour leurs dépenses seulement utiles.

50. Il y a cependant une distinction à faire, à l'égard de la femme, entre le cas où elle a donné son consentement à ces dépenses et celui où elle ne l'a pas donné : dans ce dernier cas, la femme, n'étant tenue qu'en vertu de la gestion d'affaires du mari, ne doit que la récompense du profit retiré.

51. Quant aux dépenses voluptuaires, il faut voir dans quel but elles ont été faites : si c'est dans l'intérêt de la famille, pour lui rendre l'existence plus agréable et plus commode, il n'est dû récompense à la communauté que de

la plus-value ; mais si le mari a fait ces dépenses sur un de ses propres, non dans l'intérêt de la famille, mais pour satisfaire à un vain caprice et à une folle vanité, il devra la récompense de toute la somme employée ; car, ainsi que je l'ai dit plus haut, le mari a reçu de la loi la libre administration de la communauté pour la faire prospérer et non pour la dissiper et la perdre.

Comment s'effectue le rapport?

52. Le rapport doit être, en principe, effectué en nature. C'est, en effet, le seul qui soit logique, en présence de l'art. 1471, lorsque les époux ont des prélèvements à faire.

Le mari surtout y a intérêt; un exemple va faire saisir cet intérêt.

Le mari et la femme doivent chacun 20,000 fr. à la communauté : la communauté, dont l'avoir est de 10,000 fr., doit de son côté 50,000 fr. au mari. Si l'on procédait par le rapport en moins prenant, la communauté n'ayant qu'un actif de 10,000 fr., le mari, tout en l'absorbant, se trouverait perdre les 20,000 fr. que la femme aurait retenus, car le mari n'a pas de recours contre la femme à raison de ses reprises (article 1472); tandis qu'il se trouvera complètement désintéressé si le rapport se fait en nature, ou tout au moins fictivement, puisque l'actif commun sera alors de 50,000 fr. c'est-à-dire égal à la somme des reprises du mari.

La femme aussi y a un intérêt; car bien qu'elle ait un recours contre le mari (art. 1472), il vaut mieux pour elle recevoir immédiatement que rester créancière du mari ou de sa succession. En effet, si le mari ne possède pas d'immeubles, la femme, n'étant que créancière chirographaire, doit subir le concours des autres créanciers du mari.

Mais, si les époux n'ont pas de reprises à exercer, ou si l'actif commun est suffisant pour leur exercice, rien ne s'oppose à ce que le rapport se fasse en moins prenant.

Dans la pratique, on établit, en formant les masses, le compte particulier des époux, et l'excédant figure, soit à la masse active, soit à la masse passive de communauté.

CHAPITRE II.

REPRISES.

53. De même que les époux ne doivent pas s'enrichir au détriment de la communauté, de même la communauté ne doit pas s'enrichir au détriment des époux.

En conséquence, si les époux doivent, avant tout partage, rapporter à la masse tout ce qui peut dépendre de la communauté, celle-ci doit réciproquement souffrir la reprise ou prélèvement des choses appartenant en propre aux époux, et qui se trouvent confondues dans la masse générale; c'est là l'objet des art. 1470 et suiv., Code Nap.

54. Je vais examiner successivement et dans quatre sections différentes :

1° En quoi consistent les reprises;

2° Comment elles s'exercent ;

3° Quelle est la nature de l'action en reprise;

4° Enfin de quel jour courent les intérêts des sommes dues par la communauté aux époux.

SECTION Ire.

En quoi consistent les reprises.

55. L'art. 1470 s'exprime ainsi : « Sur la « masse des biens chaque époux ou son héri- « tier prélève :

« 1° Les biens personnels qui ne sont pas « entrés en communauté, s'ils existent en na- « ture, ou ceux qui ont été acquis en remploi;

« 2° Le prix de ses immeubles qui ont été « aliénés pendant la communauté, et dont il « n'a pas été fait remploi ;

« 3° Les indemnités qui lui sont dues par la « communauté. »

Il y a donc des biens dont la reprise se fait en nature et des biens dont la reprise se fait en deniers.

§ 1er. — Biens dont la reprise se fait en nature.

Les biens dont la reprise se fait en nature sont meubles ou immeubles.

56. *Biens meubles.* — En principe, les biens meubles étant destinés par le législateur à former plus spécialement l'élément propriété de la communauté, c'est-à-dire à subvenir plus directement aux besoins immédiats de la famille, la loi ne formule aucune cause de reprise de ces biens : *vilis mobilium possessio*, disait-on dans l'ancien droit.

Cependant cette reprise peut avoir lieu, lorsque telle est la volonté des tiers donateurs ou testateurs (1), ou lorsqu'il s'agit de biens dont le titre est exclusivement attaché à la personne

---

(1) Mais si l'époux donataire ou légataire est héritier à réserve, la condition d'exclusion stipulée par l'ascendant est-elle valable pour le tout, ou seulement jusqu'à concurrence de la quotité disponible ?

Je pense que cette exclusion est valable pour le tout; car, toute personne est libre de disposer, en principe, de ses biens, comme il le juge convenable. Il est vrai que celui qui a des enfants ne peut pas utilement donner tous ses biens à un étranger; mais rien ne l'empêche d'en disposer au profit de

des époux, et, par conséquent, incessible; tels sont les rentes viagères constituées par un tiers, à titre d'aliments, au profit de l'un des époux, les pensions de retraite ou les traitements de réforme, etc.

57. *Immeubles.* — La loi ne procède pas pour les biens immeubles comme elle le fait pour les biens meubles; tout en établissant la présomption générale que tout immeuble est acquêt de la communauté, elle crée, ainsi qu'on va le voir, de nombreuses exceptions (art. 1402).

Cette présomption est, en effet, plus ou moins large, suivant que la date du titre d'acquisition de ces biens est antérieure ou postérieure à la célébration du mariage.

Est-elle antérieure? Tous les biens, droits et actions immobiliers, acquis, soit à titre onéreux, soit à titre gratuit, constituent des propres, sauf l'exception prévue par l'article 1404-2° (1).

---

ses enfants, puisqu'eux seuls ont le droit d'invoquer la réserve. J'ajoute que je ne vois pas pourquoi l'ascendant ne pourrait, dans l'espèce, faire directement, par une disposition expresse, ce qu'il peut certainement faire indirectement, en convertissant, avant son décès, ses valeurs mobilières en valeurs immobilières.

(1) L'art. 1404-2° n'entend parler que des immeubles arrivant aux époux par des causes qui donneraient des acquêts pendant le mariage.

Est-elle postérieure ? La présomption devient plus forte; tous les immeubles acquis à titre onéreux sont présumés acquêts de communauté, et le sont le plus souvent.

Quant aux immeubles acquis à titre gratuit, ils forment des propres comme ceux acquis avant le mariage : tels sont les biens immeubles recueillis par succession, dans le sens le plus large du mot, successions ordinaires et toute espèce de droits successifs ; retrait successoral (art. 841) ; droit de retour légal (art. 351 et 747) ; droit des enfants naturels dans la succession de leurs père et mère, et droits de ces derniers dans celle de leurs enfants (art. 750 et suiv.) ; tels sont encore les biens acquis par donations entre vifs ou testamentaires faites aux époux, soit séparément, soit conjointement avec ou sans attributions de parts (art. 1402 et 1405) ; que ces dispositions soient faites avec ou sans charges (1) ; quand même les donations entre vifs seraient déguisées sous la forme d'actes à titre onéreux, sauf à l'époux intéressé de fournir, dans ce cas, la preuve de l'existence de la libéralité.

---

(1) Pourvu, bien entendu, que les charges ne fassent pas perdre à la disposition son caractère de libéralité.

Ainsi, la présomption générale de l'art. 1402 se réduit, en fait, aux immeubles acquis à titre onéreux pendant le mariage. Ces biens là sont présumés acquêts de communauté (art. 1401-3°), ils le sont, en effet, le plus souvent; mais il y a cependant des exceptions.

58. PREMIÈRE EXCEPTION. — *Remploi*. — Tous les immeubles achetés par les époux durant la société conjugale, sont, en principe, acquêts de communauté. La loi en excepte ceux acquis pour servir de remploi des biens propres des époux, lorsque les conditions requises par les art. 1434 et 1435 ont été accomplies. Mais, par cela même que le remploi est une exception à la présomption générale de l'art. 1401-3°, il faut que les conditions prescrites soient rigoureusement observées. Ainsi, le mari qui veut opérer le remploi à son profit, doit déclarer, lors de l'acquisition, qu'elle est faite des deniers provenant de l'aliénation d'un immeuble à lui personnel et pour lui tenir lieu de remploi (art. 1434); et lorsqu'il s'agit d'un remploi à effectuer au profit de la femme, cette dernière doit, en outre, accepter la déclaration de remploi faite par le mari (art. 1435). Il n'est cependant pas indispensable que l'acceptation de la femme soit donnée au moment même de l'acquisition, elle peut être donnée après, par acte séparé, mais toutefois avant la dissolution

de la communauté (1). En effet, l'offre de remploi faite par le mari à la femme, n'est faite par lui qu'en sa qualité de chef de communauté, et, cette qualité disparaissant, l'offre doit disparaître avec elle. Je vais même plus loin, et j'ajoute que, tant que la femme n'a pas accepté, le mari peut disposer de l'immeuble offert (art. 1121), sans que les tiers acquéreurs aient à s'inquiéter de cette offre, à moins qu'il n'ait été fixé à la femme un délai pour faire son acceptation, et que ce délai ne soit pas encore expiré au moment où le mari a disposé de l'immeuble.

59. DEUXIÈME EXCEPTION. — *Immeubles cédés par un ascendant.* — La loi excepte encore les immeubles cédés pendant le mariage par un ascendant à son ascendant, « soit pour le remplir de ce qu'il lui doit, soit à la charge de payer les dettes du donateur à des étrangers » (art. 1406).

L'art. 1406 s'occupe de ce que les auteurs ont qualifié *d'arrangement* ou *accommodement de famille*. Le législateur moderne, à l'exemple de l'ancienne jurisprudence, part de l'idée que si l'ascendant ne disposait pas de son vivant de

(1) Jugé que l'acceptation ne pouvait être faite après la dissolution de la communauté : Besançon, 11 janvier 1844 ; D. P. 1845, 4, 452.

ses biens au profit de son descendant, celui-ci les trouverait dans sa succession, et il permet d'établir par anticipation une situation qui se serait naturellement établie au moment du décès de l'ascendant (1).

La disposition de l'art. 1406 s'explique donc par les relations de famille existant entre les parties. Mais, comme elle est exceptionnelle, elle doit être renfermée dans les termes de la loi. Ainsi, la cession, qui, consentie par l'ascendant, fait un propre de l'objet abandonné, ne constituerait qu'un acquêt de communauté, si elle était consentie par toute autre personne, par exemple, par un descendant au profit de son ascendant, par un oncle au profit de son neveu, ce dernier fût-il son héritier pré-

(1) Peu importe d'ailleurs que le descendant soit le successible du cédant (Pothier, *Introduction générale aux coutumes*, n° 67); car, dit Pothier, « les biens de l'aïeul devant, selon l'ordre et la loi de la nature, parvenir un jour au petit-fils, sinon directement, au moins par le canal de son père, l'aïeul, en les lui donnant, ne fait qu'anticiper le temps auquel ils doivent lui parvenir et sauter par dessus le canal de son père, par lequel il devait les lui transmettre. C'est pourquoi ce don peut être considéré comme un avancement de sa succession. »

L'art. 1406, en employant les mots « père, mère ou autre ascendant, » a confirmé l'interprétation de Pothier.

somptif. De même, toute disposition, faite en dehors des deux cas prévus par la loi et offrant les apparences d'un acte à titre onéreux, pourrait être considérée comme une vente et former dès lors un acquêt.

Mais quelles que soient l'origine et l'importance de la dette de l'ascendant, qu'il s'agisse d'une dette ordinaire ou de l'acquittement de la dot promise, l'immeuble cédé en payement constitue un propre pour l'époux cessionnaire (Cassation, 3 juillet 1844, D. P., 1844, 1401).

60. Troisième exception. — *Échange.* — Les immeubles acquis en échange de biens mobiliers ou immobiliers, propres, font encore exception à la présomption de l'art. 1401-3° (art. 1407).

L'échange est un contrat essentiellement à titre onéreux ; il devrait donc former un acquêt de communauté ; cependant le législateur décide le contraire. Cette décision est sage et logique. Dans l'échange, il s'opère une véritable subrogation réelle : c'est là un remploi immédiat. Mais comme, en définitive, l'art. 1407 constitue une exception au principe de l'article 1401-3°, il faut en conclure que l'acte qualifié échange, doit en avoir réellement les caractères, et que l'immeuble acquis doit former un acquêt et non un propre, toutes les fois que la soulte mise à la charge de l'époux, est d'une importance telle qu'elle peut être considérée comme étant l'objet principal de la convention. C'est ce qui arrivera lorsque la soulte sera supérieure à la valeur de l'immeuble donné en échange.

L'article ne parle que de l'échange d'immeubles, mais je pense que tout meuble acquis en échange d'un propre immobilier serait également propre.

61. QUATRIÈME EXCEPTION. — *Acquisition d'immeubles ou portions d'immeubles dans lesquels l'époux avait un droit, à titre de propre.* — L'immeuble ou portion d'immeuble acquis, par licitation ou autrement, par l'un des époux déjà copropriétaire par indivis, à titre de propre, de cet immeuble, forme également un propre pour cet époux (art. 1408-1°).

Peu importent la quotité du droit indivis, si minime qu'elle soit, la cause de l'indivision et l'époque à laquelle elle a commencé, pourvu que le droit lui-même constitue un propre.

L'art. 1408-1° suppose l'existence de l'indivision. Il résulte de là que la disposition de la loi resterait sans application, si, le partage étant déjà consommé, l'époux réunissait à sa part celle distincte et individuelle de l'un des anciens copropriétaires; mais il n'est pas indispensable que l'acquisition faite par l'époux fasse cesser l'indivision (1). Ainsi, l'un des époux, copropriétaire par indivis d'un immeuble pour un dixième, achète-t-il un, deux, trois dixièmes, ces portions acquises forment, quoique l'indivision ne cesse pas, un propre et non un acquêt de communauté, ou plutôt elles augmentent la portion déjà propre à l'époux dans l'immeuble : ce sont là l'esprit et le but de l'art. 1408-1°. En effet, à quoi bon cet article, si la cessation de l'indivision était indispensable, puisque les art. 883 et 888 atteindraient le même but?

L'art. 1408 suppose, dans son premier alinéa, que l'acquisition est faite par l'époux copropriétaire. Il en serait de même si elle était faite par les deux époux conjointement (2).

---

(1) Telle est la jurisprudence générale : Amiens, 22 juin 1848, D. P. 1849, 2, 31. — Cassation, 30 janvier 1850, D. P. 1850, 1, 171. — Paris, 3 décembre 1850, D. P. 1851, 2, 223. — Bourges, 20 août 1855, S. 1857, 2, 265. — Orléans, 13 août 1856, D. P. 1857, 2, 7.

Contra, c'est-à-dire qu'il faut que l'acquisition fasse cesser complètement l'indivision : Paris, 3 décembre 1836, D. P. 1837, 2, 77. — Douai, 10 mars 1828 et 13 janvier 1852, D. P. 1828, 2, 137, et 1852, 2, 295.

(2) Arrêt précité : Amiens, 22 juin 1848. — Colmar,

62. D'après le deuxième alinéa, c'est le mari qui, seul et en son nom personnel, acquiert, dans l'intention évidente d'en faire profiter la communauté, une portion ou la totalité d'un immeuble dans lequel la femme a un droit indivis, à titre de propre.

Dans la prévision de l'art. 1408-2°, la communauté devait-elle profiter seule de cette acquisition, en vertu du principe général qui fait tomber dans son actif les immeubles acquis à titre onéreux, ou était-ce la femme qui devait en profiter de droit en vertu de l'art. 1408-1°?

L'application de la règle générale pouvait avoir le danger de dépouiller la femme éloignée de l'administration de la communauté du droit d'acquérir, comme propre, un bien patrimonial en totalité; d'un autre côté, l'application forcée de l'art. 1408-1° pouvait être très-préjudiciable à la femme, obligée qu'elle aurait été d'accepter une acquisition peut-être désastreuse pour elle.

A Rome, d'après la loi 78, § 4, *de jure dotium* au Digeste, la femme était forcée d'accepter l'acquisition faite par le mari, tandis que celui-

---

20 janvier 1831. — Caen, 25 février 1837. — Lyon, 20 juillet 1843. — Toutefois, si l'acquisition avait été faite dans l'intérêt de la communauté, on se trouverait dans le cas du § 2 de l'art. 1408.

ci pouvait, si cette acquisition était avantageuse, en profiter en vendant la part acquise par lui du copropriétaire de sa femme, et remettre ainsi les choses dans l'indivision, la portion que la femme avait apportée en mariage étant seule dotale d'après la loi Julia (1).

Mieux inspiré, le législateur moderne, suivant en cela les modifications apportées par le droit coutumier à la loi romaine, accorde à la femme l'option : ou de laisser l'acquisition à la communauté, sauf indemnité à son profit, ou de la prendre pour elle, sauf récompense à la communauté.

L'art. 1408-2° est donc une exception à la disposition exceptionnelle elle-même contenue dans le premier alinéa de cet article.

63. Mais, par cela même que ce droit d'option est un droit doublement exceptionnel, il faut le restreindre dans les limites des circons-

---

(1) Si fundus communis in dotem datus erit.......... Quod si marito fundus fuerit adjudicatus, pars utique data in dotem dotalis manebit : divortio autem facto, sequetur restitutionem........... *Nec audiri debebit alteruter eam æquitatem recusans; aut mulier in suscipienda parte altera quoque, aut vir in restituenda.* Sed an constante matrimonio non sola pars dotalis sit quæ data fuit in dotem, sed etiam altera portio, videamus? Julianus de parte tantum dotali loquitur : et ego dixi illam solam dotalem esse (loi 78, § 4, *de jure dotium*, Dig.).

tances prévues par la loi, c'est-à-dire qu'il faut :

1° Que l'acquisition porte sur tout ou partie d'un immeuble déterminé ;

2° Que cette acquisition soit faite à titre onéreux ;

3° Qu'elle soit faite par le mari seul et en son nom personnel.

D'où il suit que ce droit d'option n'est pas possible si le mari a acquis, à titre gratuit, les parts indivises du copropriétaire de la femme ; s'il a fait l'acquisition plus ou moins aléatoire de droits successifs dans une succession mobilière et immobilière, à laquelle la femme était appelée (1) ; si la femme a comparu au contrat d'acquisition ou si le mari avait pouvoir d'elle (2).

---

(1) En ce sens, Cassation, rejet, 25 juillet 1844, aff. de Montviol c. Gaillard, D. P. 1844, 1, 428.

En sens contraire, c'est-à-dire que l'art. 1408-2° est applicable même à une acquisition de droits successifs : Amiens, 3 juin 1847 ; aff. Delignies, 22 juin 1848, D. P. 1849, 2, 31, aff. Chevalier. — Bourges, 20 août 1855, S. 1857, 2, 265.

(2) Ce droit d'option n'appartient qu'à la femme ou à ses héritiers ; il n'appartient jamais au mari. Mais les créanciers de la femme peuvent l'exercer comme la femme elle-même, car ce droit constitue un intérêt pécuniaire, non exclusivement attaché à la personne de la femme, et, par conséquent, cessible.

Cette option ne commence qu'à la dissolution de la com-

64. Revenons à la présomption générale de l'art. 1402.

Après avoir posé le principe que tout immeuble est réputé acquêt de communauté, principe logique, car la communauté, en sa qualité d'usufruitière, possède tous les biens des époux dont elle n'a pas la propriété, et conforme à la règle constante admise en droit, que celui qui possède est présumé propriétaire, la loi admet la preuve contraire.

Cette preuve peut être faite de toute manière, même par témoins; car il s'agit d'un fait à prouver.

La loi exige la preuve de la propriété ou de la possession, et non de l'une et de l'autre à la fois.

---

munauté ; elle dure trente ans à dater de cette époque ; mais les propres créanciers de la femme ou ceux de la communauté peuvent contraindre la femme à s'expliquer plus tôt, en lui faisant sommation au moment du partage.

L'option de la femme a un effet rétroactif, et, par suite, toute hypothèque qui aurait été consentie par le mari sur l'immeuble qui fait l'objet du retrait, toute autre charge réelle qu'il aurait créée, toute aliénation qu'il aurait faite, s'évanouissent. Il en serait autrement si la femme avait donné son assentiment à la vente, à l'hypothèque ou à la création de toute autre charge; c'est pourquoi les tiers qui traitent avec le mari ne sauraient trop mettre de soins à s'enquérir de l'origine de l'immeuble à l'occasion duquel ils stipulent.

Mais ce qu'il y a d'important à considérer, c'est la date de l'acquisition, soit de la propriété, soit de la possession ; car, suivant que cette date est antérieure ou postérieure à la célébration du mariage, la présomption de l'article 1402 est plus ou moins forte, ainsi que j'ai déjà eu l'occasion de le dire (n° 57).

S'il y a un titre, c'est donc la date de ce titre qu'il faut considérer et non celle de la mise en possession. Ainsi, sont propres, et par conséquent doivent être repris en nature :

1° Les biens immeubles achetés par les époux avant le mariage, quoique la mise en possession n'en ait été effectuée que pendant le mariage ; car la vente est parfaite, entre les parties, par le seul fait de la convention (articles 1138, 1583, Code Nap.);

2° Les immeubles achetés avant le mariage sous une condition suspensive ; car toute condition accomplie réagit au jour où l'engagement a été formé (art. 1179);

3° L'immeuble recouvré par l'un des époux pendant le mariage, en vertu d'une action immobilière qui lui compétait avant cette époque ; telles sont, par exemple : les actions en résolution expresse, en réméré, en nullité ou en rescision d'un titre translatif de propriété immobilière.

Mais la résolution, pour défaut de payement du prix d'un immeuble aliéné par l'un des époux avant son mariage, forme non un propre, mais un acquêt de communauté, ainsi que je l'ai déjà fait remarquer (n° 36-3°). C'est, en effet, au cessionnaire de la créance du prix de vente qu'appartiennent, et le droit d'intenter l'action résolutoire en vertu du mandat tacite qui existe dans toute cession, et le bénéfice à retirer de l'exercice de cette action comme acquéreur de la créance. Or, la communauté est cessionnaire de toutes les créances mobilières qui appartiennent aux époux au moment du mariage (art. 1401-1°, Code Nap.).

4° L'immeuble acheté par l'un des époux, avant son mariage, de quelqu'un se portant fort du véritable propriétaire, si celui-ci ratifie la vente pendant le mariage; car, bien que la propriété ne soit acquise qu'au moment où le propriétaire donne son consentement, la ratification est la confirmation d'un titre d'acquisition antérieur, dans l'espèce, au mariage (Pothier, *Communauté*, n° 161).

Mais ce même immeuble formerait un acquêt de communauté et non un propre, si l'époux, au lieu d'obtenir la ratification du véritable propriétaire, traitait avec lui et payait une seconde fois le prix d'acquisition. En effet : 1° la convention intervenue entre l'époux et le véritable propriétaire n'est pas la confirmation de la première vente, mais une nouvelle vente ayant sa date dans la communauté ; et 2° la reconnaissance, faite par l'époux acheteur, de la qualité de propriétaire dans la personne de celui avec lequel il traite, est une interruption de la prescription (art. 2248). Or, la prescription ayant été interrompue, c'est comme si la possession n'avait jamais existé, car dans l'article 1402 il s'agit de la possession ayant tous les caractères requis pour servir de base à la prescription, et non d'une possession quelconque. C'est là, du moins, le sens qu'ont pour moi les mots « *possession légale* » contenus dans cet article.

§ 2. — Biens dont la reprise se fait en deniers.

1° *Prix des propres aliénés pendant le mariage et dont il n'a pas été fait remploi.*

65. Lorsque les biens propres des époux ont été aliénés pendant le mariage, et que le prix en est encore dû, en totalité ou en partie, au moment de la dissolution de la communauté, l'époux vendeur, ou son héritier, reprend ces créances en nature, dans l'état où elles se trouvent alors, parce que la communauté n'en a jamais eu que l'usufruit, et que l'usufruit

d'une créance n'en emporte pas la propriété (art. 587); sauf, bien entendu, l'application des art. 614 et 1428, si cette créance appartient à la femme, et que le mari l'ait laissée perdre, en totalité ou en partie, par sa négligence.

66. Mais si cette créance a été touchée par la communauté, et qu'il n'en ait pas été fait de remploi, conformément aux art. 1434 et 1435, il y a lieu dès lors à une récompense par la communauté au profit de l'époux vendeur.

Cette récompense doit être de la somme touchée par la communauté « quelque allégation qui soit faite touchant la valeur de l'immeuble aliéné (art. 1436), » c'est-à-dire que la communauté devra à l'époux la récompense de la somme par elle touchée, quand même l'immeuble se serait vendu bien au-dessus de sa valeur, parce qu'elle ne doit pas s'enrichir au détriment de l'époux, et qu'elle ne devra que la somme touchée par elle, quand même l'immeuble aurait été vendu bien au-dessous de sa valeur, parce que l'époux ne doit pas s'enrichir au détriment de la communauté.

Ainsi, c'est le prix réel de vente dont la communauté est débitrice envers l'époux vendeur, si elle a touché ce prix, et non de la valeur marchande de l'immeuble au moment de la vente; et le prix réel comprend non-seulement le prix porté au contrat, mais encore tout ce qui a été payé en dehors et tous les accessoires réputés capitaux (1).

67. Peu importe d'ailleurs que ce prix de vente ait été réellement encaissé par la communauté, pourvu qu'il soit réputé tel (2).

---

(1) Jugé que la dissimulation du prix, pratiquée dans les actes de vente des propres de la femme, pourrait être établie par témoins, afin de faire déterminer, d'après le prix réel de ces ventes, les récompenses qui en résultent, quand même la femme aurait concouru à cette dissimulation, sa participation à l'acte ainsi passé à son préjudice étant réputée le résultat de l'ascendant marital; Cassation, 30 décembre 1857, D. P. 1858, 1, 38.

Je crois que le mari serait également admis à faire la preuve que le prix réel de la vente est supérieur au prix énoncé au contrat de vente, mais il ne pourrait pas faire cette preuve par témoins.

(2) Ainsi il a été jugé par un arrêt de la Cour d'Angers du 9 mars 1845, D. P. 1845, 2, 59, que le mari et ses héritiers avaient droit de prélever sur la communauté le prix de ses propres aliénés, alors même que ce prix aurait été donné manuellement par le mari à un tiers, et que la communauté n'en eût pas profité.

Cette décision me paraît conforme aux principes. En effet, le mari, en donnant quittance aux acquéreurs, s'est approprié le prix des immeubles par lui vendus. Dès-lors, dit l'arrêt précité, il est certain que le prix a été versé dans la communauté, bien que, par le fait du mari, la communauté ait pu ne pas en profiter.

68. Mais quelle sera la reprise à exercer par les époux contre la communauté dans le cas où l'un d'eux a converti un droit perpétuel en un droit viager, et, par exemple, aliéné un immeuble moyennant une rente viagère ou un droit d'usufruit; et réciproquement converti un droit viager en un droit perpétuel, par exemple, aliéné une rente viagère ou un droit d'usufruit.

Je pense qu'il ne sera dû aucune récompense à l'époux par la communauté, ni à la communauté par l'époux. Celui-ci, ou son héritier, reprendra, en nature, le droit à la rente viagère ou à l'usufruit, s'il existe encore, sans pouvoir demander aucune indemnité à raison de l'augmentation de jouissance procurée à la communauté; mais il reprendra, d'un autre côté, le prix de rachat de la rente viagère ou de l'usufruit, sans que la communauté puisse demander, non plus, aucune indemnité à raison de la diminution de sa jouissance.

En effet, l'époux propriétaire est, d'une part, toujours libre, pendant le mariage, de disposer de la chose qui lui est propre; et, d'autre part, la communauté n'ayant sur les biens des époux qu'un usufruit indéterminé, comme je l'ai déjà dit (n° 10), tant mieux pour la communauté, si l'opération, que l'époux est toujours libre de faire, lui est avantageuse; tant pis, si elle lui est défavorable. Il n'y a pas lieu d'invoquer ici la maxime d'équité que nul ne doit s'enrichir au détriment d'autrui ; car ce n'est pas s'enrichir au détriment d'autrui que de le faire en vertu d'un droit propre (1).

---

(1) Le droit propre des époux est de disposer de leurs biens quand ils le jugent convenable, et celui de la communauté de jouir des biens des époux à mesure qu'ils entrent dans leur patrimoine et tels qu'ils s'y trouvent, avant ou après la transformation que les époux peuvent toujours leur faire subir.

La question est toutefois vivement controversée. Je pense qu'elle l'est parce qu'on s'occupe beaucoup trop du fait et pas assez du droit. Ainsi, la Cour de cassation a décidé, par arrêt du 10 avril 1855 (D. P. 1855, 1, 177), que le prix de rachat d'une rente viagère propre à l'un des époux ne donne lieu à aucune récompense au profit de l'époux, lorsque c'est par le décès de cet époux qu'arrive la dissolution de la communauté, parce que, dit l'arrêt précité, le prix de rachat ne se trouve représenter que les arrérages de la rente, qui seraient tous tombés dans la communauté s'il n'y avait pas eu de rachat. Mais, je le répète, c'est parce que la Cour de cassation a jugé la question plus en fait et en équité qu'en droit, qu'elle a donné cette solution; car, si l'on examine la question en droit, on doit admettre que, les époux étant toujours libres de disposer de leurs propres pendant la communauté (arg. art. 1428-3°), le droit d'usufruit de la communauté n'est qu'un droit subordonné à celui des époux et soumis aux variations du patrimoine sur lequel il repose. Par conséquent, ce droit s'accroît, diminue, commence ou s'éteint

2° *Indemnités dues aux époux par la communauté.*

69. Ce n'est pas seulement la vente des propres des époux qui donne lieu, à leur profit, au prélèvement autorisé par l'art. 1433, mais, en général, toutes opérations relatives à leurs propres et susceptibles de procurer à la communauté une augmentation, en capital, de son patrimoine, telles que :

La dation que l'un des époux a faite de ses

---

suivant les opérations que le propriétaire peut toujours faire sur ses biens.

C'est ce qu'ont admis plusieurs Cours d'appel, telles que les Cours de Besançon et de Nancy, en jugeant que l'époux commun en biens, dont un propre a été aliéné pendant la communauté moyennant une rente viagère, n'a pas droit a récompense, lors de la liquidation de la communauté, à raison du profit qu'a fait la communauté en percevant des arrérages supérieurs aux revenus ordinaires du bien vendu (Besançon, 18 février 1853, D. P. 1853, 2, 176. — Nancy, 3 juin 1853, S. 55, 2, 253) ; la Cour d'Orléans, en décidant que l'époux commun, qui a vendu pendant la durée de la communauté un propre dont il n'avait que la nue propriété, n'a droit à aucune récompense lors de la liquidation de la communauté, à raison du profit qu'a fait la communauté en percevant les intérêts du prix de l'immeuble aliéné (Orléans, 27 décembre 1855, S. 56, 2, 614) ; enfin, la Cour de Bourges, par arrêt du 27 août 1853, cassé par l'arrêt précité du 10 avril 1855, en jugeant que l'époux avait le droit de prélever, comme propre, l'immeuble acquis en remploi du capital provenant du rachat d'une rente viagère appartenant à l'époux.

biens propres en payement des dettes de la communauté, car la communauté profite réellement du montant des dettes éteintes;

La donation d'immeubles faite par l'un des époux en rémunération de services rendus par un tiers à la communauté; la récompense est due jusqu'à concurrence du montant de ces services, s'ils étaient appréciables en argent;

La donation avec charges, si la communauté a profité de ces charges et jusqu'à concurrence du profit qu'elle en a retiré;

L'échange de biens propres fait contre des objets mobiliers si ces objets ont été consommés par la communauté, ou s'ils étaient, par leur nature, destinés à l'être;

70. Il est encore dû récompenses à l'époux :

1° De la somme que l'acquéreur à vil prix d'un immeuble à lui vendu avant le mariage par l'un des époux, a payé à cet époux, à titre de supplément de prix, pour arrêter le cours de l'action en rescision intentée contre lui pendant la communauté (art. 1681);

2° De ce que son copartageant lui a payé, à titre de supplément de lot, pour arrêter le cours de la même action dans un partage d'immeubles fait avant ou pendant le mariage (art. 891);

3° De la somme que le débiteur d'un legs d'immeublés fait à son profit lui a payée, pour s'en libérer, d'après la faculté que lui en laissait le testament, ou d'après une convention intervenue entre les parties ;

4° Des soultes ou retours de lots en deniers, payés par ses cohéritiers, à raison du partage fait pendant le mariage, d'une succession immobilière ouverte avant ou pendant la communauté;

5° De la somme représentant, dans une succession partie mobilière et partie immobilière échue avant ou pendant le mariage à l'un des époux, l'aliénation du droit immobilier de cet époux dans cette succession, s'il n'a été compris en son lot que des valeurs mobilières ou plus que sa part héréditaire dans ces mêmes valeurs;

6° De ce qui a été payé à l'époux en exécution d'une transaction faite pendant la communauté sur des droits immobiliers litigieux propres à cet époux;

7° De l'enrichissement que la communauté a retiré de l'ouverture de carrières ou mines sur les propres de l'époux, ou des coupes de bois taillis ou de futaies faites sur un fonds propre, lorsque, d'après les règles de l'usufruit (art. 1403), ces coupes ne devaient pas avoir lieu;

8° De toutes les sommes représentant les dommages-intérêts provenant, soit des dégradations commises par des tiers sur les propres des époux ou par le mari sur les biens de la femme, soit de tout dépérissement des biens personnels de la femme causé par le mari par le défaut d'actes conservatoires (art. 1428, Code Nap.);

9° Des dommages-intérêts, s'ils ont été versés dans la caisse commune, auxquels aura pu être condamné, pendant la communauté, l'architecte qui avait, avant le mariage, promis de construire une maison sur le propre de l'un des époux ; car l'obligation de faire se caractérise, comme l'obligation de donner, par son objet, ici de créer une maison, c'est-à-dire un immeuble.

Enfin et en un mot, il est dû récompense de tout enrichissement, de quelque nature qu'il soit, que la communauté a pu retirer, en capital, des propres des époux.

SECTION II.

Comment s'exercent les reprises.

71. Il y a une différence capitale à faire entre

le mari et la femme dans la manière dont ils exercent leurs reprises.

La femme est préférée au mari sous un double rapport :

1° En ce qu'elle peut exercer ses reprises non-seulement sur les biens de la communauté, mais encore, en cas d'insuffisance de ces biens, sur ceux du mari, tandis que le mari ne peut agir que sur les biens de la communauté (art. 1436, 1472);

2° Et en ce qu'elle passe la première lorsque les deux époux ont des reprises à exercer ; en sorte que si les reprises de la femme absorbent tous les biens de la communauté, le droit du mari se trouve complétement effacé (art 1471).

La raison de cette différence est dans l'éloignement de la femme de l'administration de la communauté.

72. La dissolution de la communauté est la cause occasionnelle des reprises des époux ; la cause efficiente est dans l'usufruit ou jouissance que la communauté a eu pendant sa durée des biens propres des époux.

D'où il suit que, si ces biens propres, meubles ou immeubles, corporels ou incorporels, existent encore en nature au moment de la dissolution de la communauté, la reprise s'en fait en nature (art. 1470-1° et 2°).

Si, au contraire, ces biens n'existent plus en

nature, parce que la communauté en a eu le quasi-usufruit, soit à l'origine, soit par suite de la transformation que les époux sont toujours libres de faire subir à leurs propres pendant le mariage, ces derniers n'ont plus contre la communauté qu'un droit de créance, comme on le verra bientôt (n°s 76 à 79). Il en est de même, à plus forte raison, pour les indemnités dues aux époux par la communauté.

L'art. 1471, à la différence de ce qui se passe dans l'usufruit ordinaire, où le nu propriétaire ne peut, en matière de quasi-usufruit, exiger que des choses de même qualité, quantité et valeur que celles données en usufruit, décide que les reprises s'exercent, pour les biens qui n'existent plus en nature, d'abord sur l'argent comptant, ensuite sur le mobilier, et subsidiairement sur les immeubles de la communauté. C'est là une dation en payement organisée par la loi.

73. L'ordre indiqué par le législateur pour les reprises doit être suivi, à moins de conventions contraires survenues entre les parties. La loi permet à la femme, qui a épuisé le mobilier, de choisir parmi les immeubles ceux qui lui conviennent le mieux; mais ce droit ne peut être exercé d'une manière absolue; il faut, avant tout, qu'il y ait un certain rapport entre la valeur de l'immeuble et le montant de la re-

prise. Il serait, en effet, contraire à la raison de permettre à la femme, créancière d'une somme de 10,000 fr., par exemple, de prendre un immeuble d'une valeur de 100,000 fr. s'il y en avait d'autres d'une valeur de 12, 15 ou 20,000 francs.

74. L'art. 1471 ne donne à la femme le choix que sur les immeubles, mais il est évident que ce droit lui appartient, et *a fortiori*, sur les meubles qui, en toutes circonstances, sont mis par le législateur bien au-dessous des immeubles.

75. Tout ce qui est dit des reprises de la femme s'applique à celles du mari, sauf la différence ci-dessus indiquée, résultant de l'article 1471.

SECTION III.

Nature du droit de reprise.

76. La Cour de cassation, abandonnant une jurisprudence constante de plusieurs années, s'est solennellement prononcée sur l'importante question de la nature du droit de reprise. Elle a décidé que sous le régime da la communauté légale ou conventionnelle, chaque époux prélève ou reprend, en vertu d'un droit de créance purement mobilier, le prix de ses propres alié-

nés ou les indemnités à lui dues, conformément aux art. 1470 et 1495; que la femme n'a pour sûreté de sa créance, vis-à-vis des autres créanciers de la communauté, que le droit de préférence résultant de son hypothèque légale sur les immeubles de son mari, et qu'elle ne jouit sur les meubles de la communauté d'aucun droit d'exclusion (Cassation, chambres réunies, 16 janvier 1858, D. P. 1858, 1, 5).

Chaque époux exerce donc ses reprises contre la communauté en vertu d'un droit de créance.

C'est là une conséquence et une application des principes admis en matière d'usufruit ordinaire. En effet, l'être moral communauté est, ainsi que je l'ai déjà fait remarquer (nos 10 et 48), usufruitier des biens propres des époux. Or, il est certain que le nu propriétaire n'a contre l'usufruitier et ses représentants qu'un simple droit de créance pour le recouvrement des biens soumis à l'usufruit et n'existant plus en nature (art. 587, 614).

77. Il s'est cependant élevé, dans ces derniers temps, une opinion imposante et assez spécieuse pour égarer, un instant, la jurisprudence de la Cour de cassation et celle d'un grand nombre de tribunaux et de cours d'appel. Cette opinion tend à établir que les reprises des époux s'exercent contre la communauté à titre de propriétaire et non de créancier.

On dit : « La communauté dissoute, l'être moral disparaît; la communauté n'est plus. Dès qu'elle n'est plus, elle ne peut plus être propriétaire. Qui donc le sera? Ce seront, d'une part les héritiers du prédécédé, d'autre part le survivant, chacun selon le droit que le compte de la liquidation et le partage auront déterminés. S'ils sont propriétaires, ce n'est donc pas un payement qu'ils recevront, c'est un droit de propriété qu'ils exerceront en faisant leurs prélèvements. »

78. Je réponds : oui, la communauté dissoute ce sont les époux ou leurs héritiers qui sont propriétaires des biens de la communauté, car l'être moral communauté n'est plus.

Mais il est impossible d'admettre que ce soit à titre de propriétaire que s'exercent les reprises des époux, car la communauté a été usufruitière de leurs biens propres. Or, en l'absence de toute disposition législative contraire et expresse, il faut nécessairement appliquer les règles générales admises en matière d'usufruit.

Admettons, par hypothèse, qu'à la place des époux ou de leurs héritiers, ce soient des étrangers qui succèdent à la communauté. Qu'arriverait-il? Les époux figureraient certainement dans la masse passive comme créanciers, à raison des biens dont la communauté aurait eu le quasi-usufruit; mais comme le nu propriétaire n'a aucune cause de préférence sur les autres créanciers de l'usufruitier, les époux viendraient en concours avec eux. Cela est incontestable. Pourquoi donc en serait-il autrement, parce que les qualités de nu propriétaire et d'usufruitier se réunissent en la même personne? Est-ce que le droit des créanciers de la communauté n'est pas aussi légitime dans un cas que dans l'autre? Ainsi donc, les époux exercent leurs reprises en vertu d'un droit de créance.

Cela admis comme certain, il reste à en tirer les conséquences :

1° Dans les rapports respectifs des époux entre eux;

2° Dans leurs rapports avec les créanciers de la communauté.

1° *Rapports respectifs des époux entre eux.*

79. Ainsi que je l'ai dit plus haut, les époux ou leurs héritiers sont, la communauté dissoute, copropriétaires de la masse commune.

D'un autre côté, ils peuvent être créanciers de cette même masse à raison de leurs reprises.

Les deux qualités de copropriétaire et de créancier se réunissant en les mêmes personnes, il y a donc confusion de qualités; oui, pour la part dont l'époux créancier est débiteur envers lui-même; mais il y a dette pour la part qui est à la charge de son conjoint. Ainsi, supposons que la masse commune soit de 100 et les reprises de la femme de 20; la masse commune appartient à la femme pour 50 et au mari pour 50, et les reprises de la femme sont à la charge de cette dernière pour 10 et à la charge du mari pour 10. La femme étant créancière et débitrice d'elle-même, il y a confusion en sa personne pour 10; mais les 10 de surplus sont une dette du mari ou de sa succession.

Voilà ce qui arrive lorsque les biens de la communauté sont suffisants pour l'acquittement des reprises de la femme. S'ils sont insuffisants, la part qui est à la charge du mari, dans lesdites reprises, augmente en raison directe de l'insuffisance des biens communs; et, si la communauté est mauvaise, le mari est seul tenu des reprises de la femme.

En conséquence, la femme acceptante qui prélève, pour se remplir de ses reprises, un bien commun, se paye elle-même pour la moitié de l'objet prélevé et confond ainsi ses deux qualités de créancière et de débitrice copropriétaire; il n'y a donc par suite aucun droit de mutation à payer. Mais pour l'autre moitié qu'elle reçoit de son mari ou des héritiers de ce dernier, à titre de dation en payement, y a-t-il un droit de mutation à payer? Pas davantage : d'abord, parce que cette dation en payement n'est volontaire, ni de la part du mari, ni de la part de la femme, mais imposée par la loi (art. 1471); et, en second lieu, parce que le prélèvement fait cesser l'indivision à l'égard de l'objet prélevé, et que, la femme recevant, dans la limite de ses droits de toute nature dans la masse et sans sortir de cette masse, un bien commun sur lequel elle a un droit indivis, il y a lieu dès lors d'appliquer la fiction de l'art. 883 à l'égard du fisc (Cassation, cinq arrêts du 3 août 1858, D. P. 1858, 1, 310 et suiv.).

Mais il y aurait, bien entendu, un droit de mutation à payer, si l'immeuble prélevé par la femme excédait le montant de ses droits dans la masse générale, parce qu'alors il y aurait parts acquises pour le surplus (loi de frimaire an VII, sur l'enregistrement, art. 69, § 7, n°s 4 et 5).

Il en serait, à plus forte raison, de même, si le payement des reprises était fait, non plus avec des biens communs, mais avec des biens propres au mari.

Voilà comment les choses se passent dans les rapports des époux entre eux. Il reste maintenant à voir comment elles se passent lorsqu'il y a des créanciers.

2° Rapports des époux avec les créanciers.

80. De deux choses l'une, ou les créanciers de la communauté interviennent avant le partage, ou ils n'interviennent pas.

Si les créanciers n'interviennent pas, et c'est là l'hypothèse prévue par le législateur (art. 1467 et suiv.), tout se passe et se règle comme je viens de le dire. Si, plus tard, la femme est recherchée par les créanciers, elle les repoussera par le principe général, admis en droit, qu'on n'est jamais forcé de restituer quand on a reçu ce qui était dû, *suum recepit;* sauf, toutefois l'application des art. 1482 et suiv., relatifs au passif de la communauté.

81. Si les créanciers interviennent, la femme doit subir les causes de préférence de ceux de ces créanciers qui en ont. S'ils n'en ont pas, elle viendra en concours avec eux, si elle a eu soin de faire dresser un inventaire; car la femme qui accepte n'a aucune cause de préférence sur les biens de la communauté. En acceptant, la femme reconnaît l'administration du mari ; elle la ratifie et se trouve, par conséquent, obligée comme commune vis-à-vis des créanciers communs. Le droit de préférence qui résulte de son hypothèque légale ne surgit, avec son efficacité protectrice, que lorsque la femme se trouve en concours avec les créanciers communs, ou avec les créanciers personnels du mari, sur les biens propres immobiliers de ce dernier, ou, en cas de renonciation, sur les biens immobiliers de la communauté devenus biens du mari par cette renonciation (article 1492).

Mais, en cas d'acceptation, la femme n'a jamais, ainsi que je l'ai dit, d'hypothèque légale sur les immeubles acquêts de communauté. Elle pouvait renoncer ; elle ne l'a pas fait, qu'elle en subisse les conséquences. J'ajouterai qu'il est avantageux pour elle de n'en pas avoir; car il n'est pas de prêteur qui, dans la crainte de cette hypothèque, n'exige l'engagement solidaire de la femme, bien autrement dangereux pour elle que sa qualité de simple créancière de la communauté (art. 1487 et 1494). D'ailleurs, la loi est formelle ; l'hypothèque légale de la femme ne porte que sur les immeubles du mari (art. 2121 et 2135). Or, les causes de préférence sont de droit étroit.

SECTION IV.

Intérêt des reprises.

Aux termes de l'art. 1473, « les remplois et

récompenses dus par la communauté aux époux,...... emportent les intérêts de plein droit du jour de la dissolution de la communauté. » C'est là une application des principes qui régissent les sociétés. Dans les sociétés ordinaires, les dettes des associés envers la société, et réciproquement, produisent des intérêts de plein droit (art. 1846). Ce principe appliqué à la société conjugale est modifié par cette circonstance que la communauté est à la fois créancière et débitrice des intérêts qui sont dus aux époux et par les époux, puisqu'elle profite de tous leurs revenus et doit supporter toutes les charges de ces revenus (art. 1401-2°, 1409-3° et suiv.). Une confusion s'opère donc jusqu'à la dissolution de la communauté. A partir de cette époque, la cause de la confusion cessant puisque la communauté n'existe plus et par conséquent n'est plus usufruitière, et les intérêts continuant cependant à courir puisque la société existe toujours en fait, ces intérêts doivent être payés à qui de droit (1).

(1) Mais si la femme renonce à la communauté, l'art. 1473 est-il applicable ? Les reprises produisent-elles des intérêts de plein droit ?

La Cour de cassation l'a décidé (arrêt du 3 février 1835, D. P. 1835, 1, 286), et cette doctrine est d'une application constante dans la pratique.

La Cour de cassation part de cette idée que, bien que la

CHAPITRE III.

PARTAGE.

83. Jusqu'à présent je me suis occupé de la formation de la masse générale de communauté et des prélèvements des époux.

Ce qui reste de la masse générale, grossie d'un côté des apports des époux, et dégagée de l'autre de leurs reprises ou prélèvements,

---

femme ait renoncé à la communauté, ses reprises sont, non des créances personnelles contre le mari, mais des créances contre la communauté. C'est là, selon moi, une erreur. En effet, la communauté est, à l'égard de la femme renonçante, censée n'avoir jamais existé, et ses biens, s'il en existe, sont réputés avoir toujours été la propriété exclusive du mari. Mais alors, ce n'est donc pas comme chef de la communauté, mais comme mari, que l'époux est débiteur des reprises de la femme (art. 1179). Cela est certain, car, pour qu'il en fût autrement, il faudrait que la femme pût agir contre la communauté ou ses représentants. Le peut-elle ? Non, puisque la communauté est censée n'avoir jamais existé. Or, si elle n'a jamais existé, agir contre elle, c'est donc agir contre le néant; la disposition exceptionnelle et toute spéciale à la communauté de l'art. 1473 est donc inapplicable à la femme renonçante.

constitue ce qu'on appelle la masse partageable.

84. Cette masse se divise, en principe, par moitié entre les époux ou ceux qui les représentent (art. 1474).

Il y a cependant quelques exceptions qui seront examinées plus loin (nos 86 et suiv.).

85. C'est d'après leur valeur au jour du partage que se divisent les biens de la communauté. Toute augmentation ou toute diminution de ces biens, survenue depuis sa dissolution, devient le profit ou la perte de la communauté.

Il y a cependant une exception en ce qui concerne les offices publics. Les chances postérieures à la dissolution de la communauté sont pour le titulaire de l'office, à moins que ce dernier n'ait déclaré que son intention était de le gérer dans l'intérêt commun et non dans son propre intérêt. Cela tient aux principes particuliers qui gouvernent les offices, nature de propriété tout-à-fait exceptionnelle, participant du droit public, par le titre, et du droit privé, par la finance ou valeur vénale. Le titulaire est libre de garder pour lui le titre public dont il est investi par l'autorité souveraine et qu'elle seule peut retirer. En le gardant (ce qu'il est présumé faire sauf déclaration contraire), il ne doit qu'une chose, la valeur de l'office au moment de la dissolution de la communauté (Paris, 6 avril 1843, S. 43, 2, 172).

Il n'en est pas de même des fonds de commerce : ces derniers se partagent d'après le prix de la vente effectuée, quelle qu'en soit l'époque (Paris, 22 mars 1834, D. P. 34, 2, 129).

86. J'ai dit plus haut que le principe de la division par moitié, entre les époux ou leurs représentants, de la masse partageable de communauté souffrait quelques exeptions. Examinons-les.

87. Première exception. — *Convention des parties.* — Et d'abord le partage par moitié de la communauté peut être modifié par la convention des parties insérée dans le contrat de mariage.

La loi traite de ces conventions dans les articles 1520 à 1526, C. N. Les époux peuvent stipuler :

1° Que le survivant des époux ou les héritiers du prédécédé auront des parts inégales dans sa communauté ;

2° Que soit le mari ou ses héritiers, soit la femme ou ses héritiers n'auront qu'une certaine somme pour tous droits de communauté : c'est ce qu'on appelle le forfait de communauté (art. 1522) ;

3° **Enfin**, que la totalité de la communauté appartiendra au survivant des époux ou à l'un d'eux seulement, sauf le droit pour les héritiers de l'autre de faire la reprise des apports et capitaux tombés dans la communauté du chef de leur auteur (art. 1525).

Ces stipulations peuvent être faites, soit sous la condition de survie, soit sous toute condition qui concoure avec la précédente, et notamment qu'il n'y aura pas d'enfants du mariage.

Mais il est bien entendu que, si les époux ou leurs héritiers prennent des parts inégales dans l'actif de la communauté ou tout l'actif, ils devront supporter une part correspondante dans les dettes ou toutes les dettes; car les dettes sont une charge des biens. Toute convention contraire est nulle (art. 1521).

Les deux premières clauses d'attribution dé parts inégales et de forfait de communauté peuvent être stipulées, soit au profit des époux, soit au profit de leurs héritiers; mais ces clauses étant dérogatoires au droit commun doivent être restreintes aux cas prévus par la loi (article 1523).

Quant à la troisième clause, elle ne peut être stipulée qu'au profit des époux seuls.

Dans tous les cas, la clause est obligatoire contre le mari ou ses héritiers; mais elle ne l'est pas contre la femme, qui conserve toujours le droit de renoncer à la communauté en abandonnant aux héritiers du mari les biens et les charges (art. 1524). Toute clause contraire est nulle (art. 1453).

Dans l'hypothèse d'attribution totale de la communauté au survivant, les héritiers du prédécédé ont droit de reprendre tout ce qui est tombé dans la communauté du chef de leur auteur.

Ce droit existe même sans convention expresse.

La clause pourrait néanmoins attribuer au survivant, non seulement la totalité de la communauté, mais encore les apports du prédécédé ; mais alors on imprimerait à la convention le caractère de libéralité à l'égard des apports.

En principe, l'attribution de la totalité de la communauté ne constitue pas une donation, ni quant au fond, ni quant à la forme ; une pareille clause n'est qu'une convention de mariage et entre associés (art. 1525, 2°).

88. Deuxième exception. — *Renonciation à la communauté par l'un des héritiers.* — L'article 1475 offre une nouvelle exception à la division par moitié de la communauté. Cet article est ainsi conçu :

« Si les héritiers de la femme sont divisés,

« en sorte que l'un ait accepté la communauté « à laquelle l'autre a renoncé, celui qui a ac- « cepté ne peut prendre que sa portion virile « et héréditaire dans les biens qui échoient à « la femme. Le surplus reste au mari qui de- « meure chargé, envers l'héritier renonçant, « des droits que la femme aurait pu exercer « en cas de renonciation, mais jusqu'à con- « currence seulement de la portion virile hé « réditaire du renonçant (1). »

La loi, après avoir déclaré, dans les articles 1453 et 1466, que la faculté de renoncer à la communauté appartenait à la femme et à ses héritiers ou représentants, prévoit, dans l'art. 1475, le cas où la communauté étant dissoute par le décès de la femme, celle-ci laisse plusieurs héritiers se divisant sur le parti à prendre, les uns acceptant la communauté, les autres y renonçant. Qu'arrivera-t-il? La part du renonçant ira-t-elle se joindre à la part des acceptants ou restera-t-elle au mari? Voilà la question très-controversée dans l'ancien droit, que les rédacteurs du Code ont résolue dans l'art. 1475, en adoptant l'idée de Pothier (n° 575, *de la communauté*), qui soutenait que

(1) Le mot *virile* est de trop; c'est un souvenir de l'ancien droit que nous trouvons ça et là dans la loi nouvelle.

chaque héritier de la femme ne pouvait prendre que sa part héréditaire dans la communauté, parce qu'il n'était successeur de la femme que pour cette part; et que sa renonciation à la communauté profitait, non aux autres héritiers de la femme, ses cohéritiers, par droit d'accroissement (1), mais au mari, *jure non decrescendi*, par la même raison que la part de la femme serait demeurée au mari en sa qualité de seigneur et maître de la communauté, si la femme ou tous ses héritiers avaient renoncé à la communauté. Lebrun pensait, au contraire, que la part du renonçant profitait aux héritiers acceptants par droit d'accroissement (*Traité de la Communauté*, p. 100, n°s 5 et 6).

Si le mari profite activement de la part du renonçant, il doit supporter la part correspondante de ce dernier dans les dettes de communauté.

Mais que veut dire l'art. 1475, 2e alinéa, quand il exprime que le mari demeure chargé, envers l'héritier renonçant, des droits que la femme aurait pu exercer en cas de renonciation, etc.? Le législateur fait allusion à l'ar-

(1) Car si cet héritier avait renoncé à sa part dans la communauté, il n'avait pas renoncé à la succession de la femme.

ticle 1514, Code Nap., qui permet à la femme de se réserver, pour elle et pour ses héritiers, le droit de reprendre son apport en cas de renonciation.

Le droit de reprise d'apport de la femme étant, en cas de renonciation, un droit divisible de succession, chacun des héritiers de la femme y a succédé pour sa part héréditaire : d'où il suit que chacun de ceux qui ont renoncé à la communauté ne peut exercer cette reprise que pour sa part héréditaire. Quant à la part que celui qui a accepté la communauté aurait eue dans ledit apport s'il eût pareillement renoncé, il en est fait, par son acceptation, confusion avec la part qu'il prend dans les biens communs : cela est sans difficulté.

Mais par qui est due cette reprise d'apport? l'héritier qui a accepté la communauté est-il tenu d'y contribuer? Je pense que c'est au mari seul à la payer, parce que c'est lui seul qui profite de la renonciation faite par l'héritier pour s'en tenir à l'apport de la femme. Cette dette est le prix de la renonciation de l'héritier à la communauté, *ubi emolumentum, ibi onus*.

J'ai dit que le droit de reprise d'apport était un droit de succession ; il en résulte que si l'un des héritiers de la femme avait d'abord renoncé à la communauté, et ensuite à la succession de la femme, ou directement à cette succession, — ce qui serait renoncer par là même à la communauté, — la part de cet héritier dans ladite reprise accroîtrait non au mari, mais aux cohéritiers du renonçant.

Si la femme avait survécu à la dissolution de la communauté et qu'elle fût décédée avant d'avoir pris parti, ce que jai dit plus haut de la renonciation partielle de chacun des héritiers ne serait plus applicable ; car le droit de renoncer à la communauté fait alors partie de la succession de la femme.

89. Troisième exception. — *Recel.* — L'article 1477 apporte une nouvelle exception au principe du partage par moitié de la communauté; il est ainsi conçu :

« Celui des époux qui aurait diverti ou re-
« celé quelques effets de la communauté est
« privé de sa portion dans lesdits effets. »

Le divertissement est plus spécialement le fait par lequel l'un des époux détourne ou dissipe les biens de la communauté inventoriés ou non inventoriés, dans le but de préjudicier aux intérêts de l'autre époux.

Le recel consiste plus particulièrement dans l'omission volontaire et calculée de comprendre, au moment de l'inventaire ou du partage, un ou plusieurs objets de la communauté dans le but d'en dérober la connaissance aux héritiers du prédécédé et de les priver, par ce moyen, de leur part dans lesdits effets.

Les conséquences du divertissement et du recel sont de priver l'époux ou l'héritier coupable de sa part dans les objets divertis ou recelés.

Dumoulin, dans l'ancien droit, voulait que la femme auteur du recel fût privée, non-seulement des effets soustraits, mais encore de toute part dans la communauté. Le Code a été moins sévère.

L'art. 1477 serait applicable aux ventes frauduleuses d'objets de la communauté pendant le mariage, aux actes apparents de commerce licite faits par le mari pour spolier en réalité la femme ou les héritiers de celle-ci, aux collusions avec des tiers complaisants pour faire apparaître des dettes simulées (Lebrun, *De la Communauté*, p. 412, n° 33), aux détournements d'immeubles, et, par exemple, aux acquisitions faites pendant la communauté et régularisées après sa dissolution (Paris, 7 août 1858, D. P., 1858, 2, 188); car autrement, ce serait encourager la fraude et accorder l'impunité pour le cas où le divertissement et le recel auraient été préparés à l'avance; ce serait à la fois blesser la morale et l'équité, et méconnaître l'esprit de la loi. D'ailleurs, l'article 1477 ne fait aucune distinction sur l'époque du recel (Paris, 14 janvier 1831. — Cassation, 5 avril 1832. D. P., 1831, 2, 221, 1832, 1, 160).

Cette privation embrasse tous les droits que l'époux pourrait exercer sur ces effets, non-seulement comme commun, mais comme donataire pour une quote part (arrêts, Cassation, 5 avril 1832 — et 7 août 1858, précités).

Mais l'époux privé de sa part dans les objets divertis ou recélés restera-t-il chargé des dettes correspondantes comme s'il profitait de ces effets? La Cour de Bordeaux l'a décidé en soutenant que l'obligation où étaient les époux de supporter les dettes par moitié (art. 1482) était une charge indépendante de l'effet absolu de l'art. 1477, et que, par conséquent, cet article devait être entendu en ce sens que les objets recélés devaient être dévolus à l'autre époux ou à ses héritiers, francs et quittes de toutes dettes (20 février 1841, S. 1841, 2, 327). Mais la plupart des auteurs considèrent cet arrêt comme trop rigoureux, comme frappant l'auteur du recel ou détournement d'une double peine : celle de la privation des objets recélés et celle de l'acquittement des dettes dans une proportion différente de celle des biens reçus.

Je crois également que la doctrine de l'arrêt

précité doit être rejetée pour deux raisons : la première, parce que l'art. 1482, appliqué au passif, est le corollaire de l'art. 1474, appliqué au partage de l'actif, car les dettes sont une charge des biens : voilà le principe, toute convention contraire est nulle (art. 1521-2°); la deuxième, parce qu'avec la doctrine de l'arrêt de la Cour de Bordeaux on arrive à mettre la moitié du passif de la communauté à la charge de l'époux recéleur, sans aucune participation à l'actif, si cet époux se trouve reconnu coupable du recel de toutes les valeurs de la communauté.

En conséquence, toutes les fois que l'actif partageable se trouvera réparti d'une manière inégale entre époux ou leurs héritiers, pour quelque cause que ce soit, il en sera de même du passif.

L'époux qui, après avoir détourné ou omis volontairement de comprendre à l'inventaire des valeurs dépendant de la communauté, les rétablit ensuite avant toutes poursuites de la part des parties intéressées, est-il néanmoins passible des peines du recel? Un auteur l'a soutenu (M. Glandaz, Encycl., v°, *com. conj.*, n° 357). Mais tous les autres auteurs et la jurisprudence décident, au contraire, qu'il n'y a pas lieu d'appliquer l'art. 1477 (Cour de Paris, 5 août 1839, S. 39, 2, 431).

En effet, la doctrine de M. Glandaz, dans son inflexibilité, dépasse le but de la loi, compromet les intérêts qu'elle a voulu protéger et excite celui qui s'est rendu coupable de recel à persister dans sa faute ; car, d'un côté, son silence lui offre la chance de conserver les effets recélés, et, de l'autre, rien ne l'engage au repentir et aux sentiments honnêtes, puisque son retour au bien doit être suivi d'une peine.

Mais, si l'époux recéleur s'est laissé poursuivre en restitution, il doit être privé de sa part dans l'objet recélé, alors même qu'il offrirait de le restituer sur la demande formée contre lui (Cassation, 10 décembre 1835, S. 36, 1, 327).

La restitution des objets divertis ou recélés par un époux se fait dans la forme ordinaire des rapports à succession (art. 830), c'est-à-dire en accordant au copartageant, au préjudice duquel le détournement a eu lieu, le droit de prélever sur la masse à partager une valeur égale à celle de l'objet détourné ou recélé (arrêt précité).

Le recel ou divertissement constituant non un délit, mais un fait dommageable, un quasi-délit, donne seulement ouverture à une action civile (Cassation, 4 décembre 1844, D. P. 1845, 1, 44).

D'où la double conséquence :

1° Que l'action se prescrit par trente ans (art. 2262), et non par trois ans (art. 638, instr. crim.);

2° Que la déchéance prononcée par l'art. 1477 ne s'arrête pas à l'époux coupable, mais qu'elle atteint également les héritiers de cet époux (arrêt précité).

DES FORMES ET EFFETS DU PARTAGE.

90. L'art. 1476 est ainsi conçu :

« Au surplus, le partage de la communauté « pour tout ce qui concerne ses formes, licita- « tion des immeubles quand il y a lieu, les « effets du partage, la garantie qui en résulte, « et les soultes, est soumis à toutes les règles « qui sont établies au titre des successions pour « les partages entre cohéritiers. »

Cet article renvoie au titre des successions pour tout ce qui concerne les formes et effets du partage.

Les auteurs en concluent qu'il n'y a pas lieu d'appliquer au partage de la communauté la disposition de l'art. 841, qui permet au cohéritier d'exclure du partage le cessionnaire des droits successifs de son cohéritier, ni la disposition de l'art. 878, qui donne aux créanciers de la succession le droit de demander la séparation des patrimoines ; car, dit-on, il ne s'agit plus, dans ces cas, des formes et des effets du partage.

Je ne vais m'occuper ici que des effets du partage.

91. J'ai déjà annoncé (dissertation sur le droit romain, n° 88) que, dans mon opinion, le partage était, en droit français sous l'empire du Code, attributif de propriété, en principe, et déclaratif par exception.

Partager, c'est, en effet, sortir de l'indivision. Or, l'indivision est un état qui suppose évidemment un droit de propriété collective au profit de plusieurs personnes (au moins deux) sur un tout commun.

Pendant l'indivision, chacun des copropriétaires a un droit indéterminé, mais réel, sur chaque partie du tout commun.

Lorsque l'indivision cesse, chacun des ayants droit, qui n'avait avant le partage qu'une propriété indéterminée, se trouve avoir, après le partage, une propriété déterminée et exclusive.

La cessation de l'indivision ou partage est donc la substitution d'une propriété déterminée et individuelle de chacun sur une partie d'un tout jusqu'alors *commun*, à une propriété collective et indéterminée de plusieurs sur le même tout commun.

Mais comment arrive-t-on de l'état de propriété collective à l'état de propriété individuelle?

Évidemment ce ne peut être que par aliénation réciproque, échange ou vente suivant les cas; car la propriété collective, quoique indéterminée, suppose un droit certain, actuel, sur chaque partie du tout commun au profit de chacun des copropriétaires.

Mais si chacun des copartageants acquiert, pour former sa propriété exclusive dans le tout commun, quelque chose de ses communistes, la propriété de ce qu'il acquiert doit donc passer en sa personne grevée des charges consenties par eux pendant l'indivision. Oui, d'après la rigueur des principes. C'est ce qui avait lieu en droit romain (Lois 6 § 8, *com. divid.*, et 7 § 4, *quibus modis pignus*, Dig.).

Cette conséquence rigoureuse n'existe plus aujourd'hui en présence de l'art. 883 ainsi conçu :

« Chaque cohéritier est *censé* avoir succédé « seul et immédiatement à tous les effets com- « pris dans son lot, ou à celui échu sur licitation, « et n'avoir jamais eu la propriété des autres « effets de la succession. »

Par suite, tous les droits réels consentis pendant l'indivision par l'un des copropriétaires, sur la chose commune, sont considérés, à l'égard des autres communistes, comme nuls et non avenus et comme ayant été consentis par un non propriétaire sur les objets compris en leurs lots; en second lieu, il n'y a, en matière de partage, ouverture à aucun droit de mutation, pourvu que le copartageant reçoive les objets compris en son lot dans la limite de son droit indivis dans la masse (art. 69, § 7, nos 4 et 5, loi de frimaire an VII, sur l'enregistrement).

Ces deux conséquences pratiques, la dernière surtout, sont, comme on l'a vu, l'origine de l'art. 883.

Mais cet article repose évidemment sur une fiction admise en droit, *utilitatis causa*, pour ramener à l'équité le principe de copropriété trop rigoureux dans ses conséquences logiques et réelles. Or, si l'art. 883 repose sur une fiction, c'est-à-dire constitue une exception, il est donc la preuve certaine d'un principe, sa cause première; car une exception ne peut anéantir dans son application, si étendue qu'elle soit, le principe qui est sa raison d'être : *exceptio firmat regulam*.

Le partage est donc, en principe, attributif de propriété et fictivement déclaratif.

92. Reste maintenant à faire la part du principe et celle de la fiction.

La voici selon moi : Le partage est attributif entre copartageants et déclaratif à l'égard des tiers.

J'ai dit (n° 15), que toute science avait son *criterium* particulier ; et que le *juste* et l'*utile* formaient le *criterium* du droit positif.

Il reste à soumettre à ce criterium les conséquences pratiques de mon système et celles du système qui admet le principe déclaratif d'une manière absolue.

Je supposerai, à cet effet, une succession ouverte au profit de l'un des époux au moment du mariage et liquidée pendant la communauté.

Cette succession est :

Ou purement mobilière,

Ou purement immobilière,

Ou mixte, c'est-à-dire partie mobilière et partie immobilière.

Voici les conséquences pratiques de mon système :

La succession à liquider est-elle purement mobilière? Alors, soit que le lot de l'époux héritier se compose uniquement d'objets dépendant de la succession, soit qu'il se compose de valeurs étrangères, même immobilières, (ce qui pourrait arriver dans le cas d'une succession composée uniquement d'un objet d'art d'un grand prix et impartageable), le droit de la communauté reste invariable. Cessionnaire, par le seul fait de la célébration du mariage, des avantages à retirer de cette succession, la communauté bénéficie des objets compris au lot de cet époux, fussent-ils des immeubles; car ils sont la représentation d'un droit purement mobilier appartenant à la communauté. En effet, si la communauté est un tiers à l'égard des cohéritiers, elle est, à l'égard des époux, leur cessionnaire, leur ayant cause (art. 1401-1°).

Est-elle purement immobilière? Dès lors, de quelque manière que se fasse le partage, en nature ou par équivalent (833, C N.), ou même par licitation, les objets compris au lot de cet époux, qu'ils soient mobiliers ou immobiliers, lui resteront propres comme représentant un droit immobilier sur lequel la communauté n'a jamais eu qu'un droit d'usufruit.

Cette succession est-elle mixte, ce qui est le cas le plus fréquent? Alors, soit qu'on fasse deux liquidations séparées, l'une des meubles, l'autre des immeubles; soit qu'on n'en fasse qu'une seule; soit qu'on attribue à l'un des héritiers tous les biens meubles, et à l'autre tous les biens immeubles, parce que les convenances de leurs positions respectives l'exigent, ou pour se conformer à la loi qui désire qu'on évite autant que possible le morcellement des héritages et des exploitations (art. 832), le résultat du partage sera toujours le même. Si l'on fait deux liquidations, on appliquera ce qui a été dit ci-dessus pour les successions purement mobilières et purement immobilières ; si, au contraire, on ne fait qu'une seule liquidation, tout ce qui excédera dans la composition de son lot la part héréditaire et indivise de l'époux cohéritier, soit en meubles, soit en immeubles, étant la représentation d'un droit par lui aliéné, soit dans les meubles, soit dans les immeubles, il y aura lieu à récompense au profit de la communauté ou au profit de l'époux, suivant les cas.

Ainsi, avec la réalité du partage entre copartageants, abstraction faite des tiers, tout s'explique, tout se coordonne clairement, nettement, avec justice et équité. Est-ce là la vérité ? Je le crois.

Je passe au système contraire. Si le partage est déclaratif d'une manière absolue, c'est-à-dire rétroactif, c'est au moment où a commencé l'indivision, c'est-à-dire au moment de l'ouverture de la succession (art. 711, C. N.), qu'il faut se reporter pour connaître ce qui tombe dans la communauté ou ce qui reste propre à l'époux copartageant, quels que soient la nature des biens à partager, le mode suivi pour sortir de l'indivision, l'époque où le partage a été fait et la qualité des biens obtenus par le résultat du partage.

En conséquence :

1° S'il s'agit d'une succession purement mobilière, et qu'il soit abandonné à l'époux héritier par son cohéritier un équivalent immobilier pour remplir cet époux de ses droits dans cette succession, les immeubles abandonnés formeront pour lui des propres, conséquence incontestable si le partage avait précédé le mariage du conjoint ;

2° S'il s'agit d'une succession purement immobilière, et que l'époux héritier se trouve par le résultat du partage avoir droit à une soulte, cette soulte tombera dans l'actif de communauté de la même manière que si le partage avait été fait avant le mariage, puisque son caractère rétroactif le fait remonter au jour de l'ouverture de la succession ;

3° S'il s'agit d'une succession mixte, et que le lot de l'époux héritier se trouve par le résultat du partage ne comprendre que des meubles ou des immeubles, ou une plus forte part que sa part héréditaire dans ces biens, ils tomberont dans la communauté ou resteront propres à l'époux cohéritier, sans récompense, soit de la part de la communauté au profit de l'époux, soit de la part de l'époux abandonnataire au profit de la communauté, absolument comme si le partage avait eu lieu avant le mariage.

Voilà les conséquences logiques du système déclaratif absolu.

Est-ce là la vérité, c'est-à-dire la *résultante* du juste et de l'utile?

Et d'abord, est-il juste que la communauté, cessionnaire du chef de l'époux héritier de tous les droits mobiliers compris dans une succession purement mobilière échue à cet époux, puisse se trouver dans la possibilité d'en perdre le bénéfice par le résultat du partage? Évidemment non.

Mais il est juste que la communauté, cessionnaire des droits mobiliers des époux, profite d'une manière irrévocable des successions mobilières qui leur sont échues. C'est là la conséquence du système que je soutiens.

Est-il juste que la communauté, qui n'a jamais dû compter sur les biens d'une succession purement immobilière que pour l'usufruit seulement, puisse se trouver, par l'application logique, mais exagérée, de la fiction du partage, dans la possibilité d'en profiter pour le capital? Évidemment non.

Mais il est juste que la communauté, qui n'a dû compter que sur l'usufruit de ces biens, n'en ait que l'usufruit. C'est là la conséquence du système que je soutiens.

Est-il juste, dans l'hypothèse d'une succession mixte, que la communauté, cessionnaire de la partie mobilière de cette succession, soit dans la possibilité d'être dépouillée entièrement de ses droits dans cette succession sans récompense à son profit, ou de les voir augmenter d'une manière désastreuse pour l'époux sans récompense pour ce dernier? Évidemment non.

Mais il est juste de considérer les droits de la communauté et ceux de l'époux héritier comme étant irrévocablement fixés au moment du mariage, quel que soit le résultat du partage. C'est là la conséquence du système que je soutiens.

Les conséquences du système adverse sont-elles utiles? En quoi? Est-ce que l'utile n'a pas sa source, sa raison d'être dans le juste, dans l'harmonie générale de la loi toujours présumée juste? Évidemment oui. Le système adverse est-il, dans toutes ses conséquences, en harmonie avec la loi générale? Non. Mais alors ce n'est donc pas le vrai système de la loi.

Il faut voir maintenant comment le système que je combats se présente dans la pratique.

93. Les auteurs et la jurisprudence ont adopté les idées de Pothier, lequel a lui-même résumé les idées du temps où il vivait, c'est-à-dire du XVIIIe siècle.

Pothier, dans ses divers traités, pose comme une règle universellement admise, que les principes de la pratique française étaient, en matière de partage, entièrement opposés à ceux du droit romain.

Mais il est à remarquer que, toutes les fois que cet auteur traite avec développement des effets du partage, les seules conséquences qu'il en tire sont relatives au fisc, cause première et unique, dans l'origine, du système déclaratif, et aux hypothèques consenties pendant l'indivision par les communistes sur la chose indivise. En un mot, il ne s'occupe des effets du partage entre copartageants que dans leurs rapports avec les tiers. Il ne traite nulle part, directement et en elle-même, la grave et importante question des effets du partage entre copartageants dans leurs rapports purement respectifs, abstraction faite des tiers ; il ne s'en occupe qu'accidentellement, en parlant de la composition active de la communauté (Pothier, n° 100, *de la Communauté*).

Comme Pothier, j'admets que les hypothèques consenties pendant l'indivision par l'un des copropriétaires sur la chose commune doivent être considérées comme nulles et non avenues, et comme émanant d'un non propriétaire, à l'égard des immeubles ou portion d'immeubles compris au lot des autres copropriétaires (art. 883). C'est là, je le répète, une fiction ; mais cette fiction est, dans ce cas, juste et utile : juste, parce qu'il ne peut dépendre d'un des communistes de priver les autres du patrimoine commun acquis ou transmis, conséquence possible, à Rome, si le communiste qui avait constitué les hypothèques était devenu insolvable ; utile, en ce qu'elle évite d'innombrables recours en garantie de copartageant à copartageant, et permet de voir régner ainsi la bonne harmonie entre les divers membres d'une même famille, source de l'harmonie générale des nations. Elle était utile surtout dans l'ancien droit où les hypothèques étaient occultes, générales, multipliées à l'infini, puisqu'elles résultaient, entre autres causes, de tout acte notarié, même sans qu'il fût besoin d'en faire aucune mention.

Ce point parfaitement admis, que le partage est déclaratif entre copartageants dans leurs rapports avec les tiers, il faut voir maintenant l'autre division de notre question, c'est-à-dire les effets du partage entre copartageants dans leurs rapports respectifs, abstraction faite des tiers.

On a vu combien les conséquences pratiques du système de l'effet déclaratif absolu du partage étaient injustes et contraires au but de la loi.

Bourjon, dans l'ancien droit, admettait toutes ces conséquences. Il était logique dans son erreur. Mais son système, privé de cette vie qu'un principe juste peut seul donner, ne lui a pas survécu.

Quant à Pothier, il décide, comme Bourjon, dans l'hypothèse d'une succession mixte, que « s'il est échu beaucoup plus de meubles, à proportion, que d'immeubles dans le lot du conjoint, tout ce lui est échu de mobilier tombe dans la communauté, sans qu'il en puisse avoir aucune reprise (n° 100, *de la Communauté*); » et réciproquement, qu'il n'est dû aucune récompense à la communauté de ce que l'époux a moins « en meubles pour avoir plus d'immeubles » (n° 631, Pothier, *de la Communauté;* Rennes, 31 juillet 1811 ; Cassation, 11 décembre 1850, D. P. 1851, 1, 287).

L'application de la rétroactivité n'ayant pas, dans cette hypothèse, des effets trop désastreux, puisque, d'après les principes, chaque cohéritier doit recevoir, par le partage, une part égale dans les meubles et dans les immeubles, Pothier se laisse doucement entraîner à l'influence de la coutume sans discuter le principe lui-même.

Mais lorsque les conséquences de la rétroactivité sont trop rigoureuses et trop contraires à la justice, Pothier s'arrête, le sentiment du juste se réveille dans cette âme honnête, et il décide (*loc. cit.*), dans l'hypothèse d'une succession purement immobilière, échue avant le mariage et liquidée pendant la communauté, que la soulte due à l'époux cohéritier par son cohéritier, quoique mobilière, n'entre pas en communauté, parce que, dit-il, la créance que l'époux a contre son cohéritier lui est parvenue, « *durant le mariage, du droit qu'il avait à une succession immobilière, et, par conséquent, d'un droit immobilier* (1). »

Mais alors Pothier n'admet donc pas dans cette hypothèse que le partage soit rétroactif; mais, s'il n'est pas rétroactif, il n'est donc pas déclaratif.

Bien plus, si l'époux cohéritier a acquis cette créance (la soulte) « *durant le mariage,* » il a donc aliéné aussi « *durant le mariage* » un droit équivalant à cette soulte ; car tout effet a sa cause immédiate et directe. Or, ce droit étant une portion de l'immeuble indivis, le cohéritier tient donc de son cohéritier une portion de l'immeuble compris en son lot. Cela est incontestable aujourd'hui en présence de l'art. 69, § 7, n° 4 et 5, loi de frimaire an VII, sur l'enregistrement.

Le partage est donc attributif entre copar-

---

(1) Le système de Pothier est admis par la jurisprudence (Nancy, 3 mars 1837, D. P. 1838, 2, 220, aff. Beugnot. — Cassation, 11 décembre 1850, D. P., 51, 1, 287).

tageants dans leurs rapports respectifs, abstraction faite des tiers. Or, si, dans le cas de soulte, le partage est évidemment attributif par voie de vente, ainsi que Pothier, vaincu par le sentiment du juste, a été forcé de le reconnaître, pourquoi ne le serait-il pas par voie d'échange, lorsqu'il se fait en nature? Mais, si le partage est attributif dans le cas d'une succession immobilière, il doit l'être aussi dans celui d'une succession, soit purement mobilière, soit mixte; car la logique n'a pas deux poids et deux mesures, elle est inflexible comme la fatalité.

Ainsi, le partage est attributif entre copartageants dans leurs rapports respectifs, c'est-à-dire attributif, en principe, et il est déclaratif entre copartageants dans leurs rapports avec les tiers, c'est-à-dire déclaratif par exception et *utilitatis causa*.

Ce système est juste, parce qu'il ne peut être permis aux époux de s'enrichir au détriment de la communauté leur cessionnaire, ni à la communauté de s'enrichir au détriment des époux : juste, parce que le copropriétaire indivis ne doit pas pouvoir priver son copropriétaire du droit indéterminé, mais certain et actuel qu'il a dans la chose commune ; utile, parce qu'il est en harmonie avec la loi générale; simple, partout le même, toujours logique; il est donc l'expression de la vérité.

94. L'indivision ne commence entre époux qu'à partir de la dissolution de la communauté. C'est donc seulement à cette époque que remonte, à l'égard des tiers, l'effet déclaratif du partage. Pendant le mariage, c'est l'être moral communauté qui est propriétaire.

Ce n'était pas l'opinion de Pothier. Cet auteur décide (*Contrat de société*, n° 179) que « chaque copartageant est réputé avoir été seul propriétaire des choses comprises en son lot depuis qu'elles ont été mises en communauté». Or, cette mise en communauté peut avoir eu lieu 10, 20, 30 ans avant la dissolution de la communauté.

L'opinion de Pothier est admise par la généralité des auteurs, tant dans les sociétés ordinaires que dans la société conjugale.

Quant à moi, je pense que la rétroactivité ne remonte qu'à la dissolution de la société ; car, aller au-delà, c'est nier sans aucune utilité l'existence de la société, quand cependant elle a été propriétaire, et que la validité des actes qu'elle a faits, des hypothèques qu'elle a consenties, ne peut être contestée. En effet, les auteurs qui font remonter la rétroactivité du partage à l'époque où les choses ont été mises en communauté, reconnaissent néanmoins la validité de tous les actes faits par l'être moral, société ordinaire ou société conjugale, jusqu'à sa dissolution. Mais si ces actes doivent être respectés par les copartageants, et cela est incontestable, l'être moral a donc existé. Pourquoi donc le nier? C'est illogique.

Dira-t-on que cette rétroactivité est utile pour éviter les droits de mutation auxquels devrait donner lieu la transmission de propriété de l'être moral aux associés devenus communistes par la dissolution de la communauté? Ce n'est pas soutenable. Car, lorsqu'une société se dissout, il n'y a pas de mutation de propriété, mais un changement de qualité dans la personne des associés. Avant la dissolution, les associés n'avaient qu'un droit de créance sur les objets de la société (art. 529); après cette dissolution, ils sont copropriétaires. L'être moral, cette personnification de plusieurs en un seul s'évanouissant, il y a succession, en les mêmes personnes, d'une qualité à une autre qualité, mais il n'y a pas de mutation de propriété.

Ainsi, entre deux systèmes semblables dans leurs conséquences pratiques, le maintien des droits acquis par les tiers pendant la durée de la société, dont l'un est logique avec lui-même en admettant un effet de droit incontestable dans les sociétés commerciales, l'existence de l'être moral, et l'autre illogique, en ce qu'il considère l'être moral comme n'ayant pas existé, tout en maintenant tous les actes qu'il a faits, le choix est facile, et je décide, comme je l'ai annoncé plus haut, que la fiction de la rétroactivité du partage ne remonte qu'à la dissolution de la société en général, et de la société conjugale en particulier.

95. Les créances sont-elles comme les autres biens de la communauté dans l'indivision, ou se divisent-elles de plein droit au moment de la dissolution de la commnnauté ?

Cette question, très-importante dans ses conséquences pratiques, est vivement controversée.

A Rome, les créances ne venaient pas, en principe, dans l'action en partage; elles se divisaient de plein droit : *Nomina ipso jure dividuntur*, dit la loi 6, *fam. ercisc.*, Code.

Néanmoins, le juge sanctionnait les stipulations intervenues, dans les partages amiables, entre les cohéritiers au sujet des créances ; et il faisait lui-même des attributions d'office dans les partages judiciaires. Mais ce n'était là qu'une attribution des dettes et des créances dont le but était de réunir les fractions produites par la division légale (loi 2, § 5 et loi 3, *fam. ercisc.*, Dig.).

Ainsi, d'après le droit romain, les créances et les dettes se divisaient de plein droit.

En était-il de même dans l'ancienne pratique française ?

J'ouvre Pothier (1), et je lis « que si l'un des héritiers qui n'était pas chargé du recouvrement des dettes (ou plutôt des créances) de la succession, a fait connaître, par la quittance qu'il a donnée à un des débiteurs de la succession, qu'il n'entendait recevoir que sa portion, il n'est pas obligé d'en faire raison à ses cohéritiers, quoiqu'ils ne puissent plus recevoir la leur du débiteur qui est depuis devenu insolvable. Ils doivent s'imputer de n'avoir pas été aussi diligents que lui. »

Mais alors les créances se divisent donc de plein droit, d'après Pothier; car, si elles avaient été dans l'indivision, ce n'est pas l'héritier recevant, mais la masse qui, dans l'espèce, aurait dû profiter de la portion de la créance recouvrée.

Pothier est encore plus explicite dans son traité de la société n° 172. Voici ce qu'il dit :

« A l'égard des dettes actives de la communauté, quoiqu'elles soient divisées de plein droit et qu'elles n'aient pas en conséquence besoin de partage; néanmoins, comme ce serait une chose trop embarrassante que chacun des ci-devant associés se fît payer de sa part par chacun de tous les débiteurs de la société ou

---

(1) Introduction au titre des Successions, section 6, article 2. — Traité des successions, ch. 4, art. 1, § 3.

communauté, on a coutume de *lotir celles qui sont dues par de bons débiteurs*, de même que les autres effets de la communauté. »

Ainsi, d'après l'ancienne pratique française, les créances se divisaient de plein droit; et, si elles étaient comprises dans le partage, ce n'était, comme en droit romain, que dans le but de réunir les fractions produites par la division légale.

En est-il de même sous l'empire du Code?

Certains auteurs, en s'appuyant sur les articles 832 et 883, Code Nap., soutiennent la négative, c'est-à-dire que les créances ne se divisent pas de plein droit.

La jurisprudence paraît incliner aussi à la négative, quoiqu'il y ait des arrêts pour et contre.

Ainsi la Cour de Cassation a décidé que l'article 883 s'aplique aux créances comme aux autres biens de la succession, et, par conséquent :

1° Que la main-levée consentie par l'un des cohéritiers jusqu'à concurrence de sa part de l'inscription hypothécaire prise pour sûreté d'une créance héréditaire est réputée non avenue, si la créance ne tombe pas dans son lot (Cassation, rejet, 20 décembre 1848, D. P., 49, 1, 81);

2° Qu'il en est de même de la saisie-arrêt

pratiquée sur cette créance par le créancier du cohéritier auquel elle n'est pas échue en partage (Cassation, rejet, 24 janvier 1837).

La Cour d'Orléans a jugé, en outre, que le créancier de l'un des héritiers, qui est en même temps débiteur de la succession, ne peut compenser ce qu'il doit à la succession avec ce qui est dû par cet héritier, au préjudice de l'attribution de la créance faite à un autre héritier (Orléans, 22 juillet 1842).

Les Cours de Cassation et d'Orléans s'appuient, pour soutenir leur système, sur la généralité des termes de l'art. 883 : « Tous les effets compris, etc. » et partent de ce principe, qu'elles admettent comme certain, que si les dettes se divisent de plein droit, il n'en est pas de même des créances : en sorte que les créances seraient dans l'indivision comme tous les autres effets de la communauté jusqu'au moment du partage.

Mais dans un autre arrêt, la Cour de Cassation a décidé que chaque héritier peut recevoir et même demander, en justifiant de sa qualité et de la mesure de ses droits, le payement de sa part dans les créances héréditaires bien que le partage n'ait point encore eu lieu (Cassation, 20 novembre 1847, D. P. 48, 1, 49).

Cette décision est inconciliable avec la doctrine des arrêts précités, car, si chaque héritier peut recevoir et même demander sa part héréditaire dans une créance de la succession, les créances se divisent donc de plein droit. C'est ce qu'a jugé la Cour de Nîmes par un arrêt du 10 mai 1855 (D. P., 1855, 2, 182).

Quant à moi, je pense que les créances se divisent de plein droit, sous l'empire du Code (art. 1220) comme dans l'ancienne pratique française, ainsi que l'attestent, de la manière la plus claire et la plus formelle, les passages précités de Pothier. Pour qu'il en fût autrement, il faudrait qu'il existât dans la loi nouvelle une disposition contraire, précise : or, cette disposition n'existe pas.

Elle n'est pas, en effet, dans l'art. 883; car le législateur moderne a copié dans Pothier la disposition de cet article mot pour mot. Or, il est certain que, dans l'ancien droit, les créances ne figuraient dans le partage que pour faciliter le lotissement.

Elle n'est pas non plus dans l'art. 832; car, si l'on fait, dans la pratique actuelle, figurer les créances dans les partages, c'est, d'une part, comme à Rome et dans notre ancien droit, pour éviter l'embarras du morcellement légal de ces créances, et, d'autre part, pour faciliter les abandonnements réciproques des copartageants entre eux et obéir ainsi au vœu de la loi qui est d'empêcher le morcellement des héritage et la division des exploitations. Or, il est plus naturel de compenser l'inégalité des lots avec des valeurs héréditaires que de le faire avec des valeurs étrangères.

Ainsi, les créances se divisent de plein droit : cela est incontestable en présence de l'article 1220. En conséquence, il faut respecter tous les droits acquis aux tiers sur ces créances jusqu'au moment du partage définitif.

Mais, si les créances héréditaires se divisent de plein droit et ne figurent dans les partages amiables et judiciaires que pour le lotissement et pour corriger la division légale, n'y aura-t-il pas lieu dès lors à un droit de mutation dans les cas où, pour comprendre dans le lot de l'un des héritiers un immeuble ou une portion d'immeuble d'une valeur plus forte que sa part héréditaire dans cette nature de biens, mais supérieure toutefois à sa part dans la masse générale, celui-ci abandonne à son cohéritier une part plus forte que sa part héréditaire dans les créances? Non; car, malgré la division légale des créances, il est toujours vrai de dire qu'elles dépendent de la succession dans le partage général de laquelle elles sont comprises, et cela suffit pour écarter le fisc. En effet, la loi fiscale n'a fait exception à l'étendue de la fiction du partage, admise dans l'ancien droit entre cohéritiers, *encore qu'il y eût tournes* (articles 15 et 113, coutumes d'Orléans), que pour les cas où il s'agit d'une soulte fournie avec des valeurs étrangères à la succession. Tel est le sens des nos 4 et 5, § 7, art. 69 de la loi de frimaire an VII sur l'enregistrement.

CHAPITRE IV.

RÈGLEMENT DU PASSIF.

96. En traitant des rapports, j'ai parlé des dettes qui étaient *définitivement* communes et de celles qui ne l'étaient qu'*accidentellement*, c'est-à-dire sauf récompense au profit de la communauté qui les aurait acquittées.

J'ai dit avec l'art. 1409 : que toutes les dettes antérieures au mariage, c'est-à-dire celles dont l'extinction n'était susceptible de procurer à l'époux débiteur d'autre avantage que sa libération pure et simple, sans aucun profit pour son patrimoine, étaient *définitivement* communes, quelle qu'en fût d'ailleurs la cause : contrat, quasi-contrat, délit, quasi-délit; pourvu que ces dettes eussent acquis une date certaine antérieurement au mariage, si elles provenaient du chef de la femme (art. 1410);

Que les dettes mobilières des successions échues aux époux avant le mariage tombaient également à la charge définitive de la communauté ;

Qu'à l'égard des dettes dont étaient grevées les successions échues aux époux pendant le mariage, il n'y avait pas à en distinguer l'origine, mais à déterminer la part proportionnelle des biens recueillis par la communauté pour savoir qu'elle était sa part contributoire dans les dettes (art. 1411, 1412 et 1414) ;

Que le mari, étant seul préposé à l'administration de la communauté, pouvait seul l'obliger, en principe, et le pouvait de toutes manières : contrat, quasi-contrat, délit, quasi-délit ;

Enfin, que la femme ne pouvait obliger la communauté sans le consentement exprès ou tacite du mari, excepté dans les cas prévus par l'art. 1427, Code Nap., mais jamais par ses délits.

97. Je vais maintenant examiner dans quelle limite les époux ou leurs héritiers sont tenus des dettes de la communauté, soit dans leurs rapports avec les créanciers, ce qui constitue ce qu'on appelle le *droit d'obligation;* soit dans leurs rapports respectifs, ce qui constitue ce qu'on appelle le *droit de contribution.*

SECTION 1re.

Droit d'obligation.

98. Le droit d'obligation est le droit qu'a un créancier d'exiger de son débiteur l'exécution intégrale de l'engagement que ce dernier a contracté envers lui.

Ce droit appartient aux créanciers contre le débiteur ou ses représentants, tant que l'engagement n'a pas été exécuté ; et tout acte auquel le créancier n'a pas concouru, et dont la conséquence serait de diminuer son droit, est chose étrangère pour lui, quoiqu'il ait la faculté de profiter de tout événement qui lui serait favorable.

Il y a lieu d'examiner le droit d'obligation :

A l'égard du mari ou ses héritiers;

A l'égard de la femme ou ses héritiers.

§ 1er. — Droit d'obligation à l'égard du mari.

99. Le mari est tenu pour le tout, vis-à-vis des créanciers, des dettes de la communauté contractées par lui seul avant ou pendant le mariage, et des dettes provenant des successions à lui échues avant ou pendant la communauté (art. 1484), parce qu'il est devenu, par

son acceptation, débiteur personnel des créanciers de ces successions.

Le mari est encore tenu pour le tout des dettes contractées par lui conjointement avec sa femme, contrairement à ce qui a lieu d'ordinaire dans les obligations conjointes où chacun est tenu pour sa part; parce qu'on n'admet pas que les parties aient fait intervenir la femme dans l'intention de diminuer l'obligation du mari, mais au contraire pour augmenter les sûretés du créancier (Pothier, *de la Communauté*, n° 729).

Mais il n'est tenu que pour moitié seulement, en sa qualité de commun en biens (art. 1482), des dettes provenant du chef de la femme, c'est-à-dire des dettes contractées par elle, soit avant le mariage, soit depuis, avec l'autorisation du mari ou de justice (art. 1426 et 1427), et de celles dépendant des successions ou donations recueillies par la femme, soit avant, soit pendant le mariage.

100. Je viens de dire que le mari n'était tenu que pour moitié des dettes de la communauté qui proviennent du chef de la femme (art. 1482). Voilà la règle. Je pense cependant que le mari pourrait être poursuivi pour plus que sa moitié, dans le cas où la femme userait du bénéfice de l'art. 1483 dont il sera parlé ci-après. En effet, si la femme était solvable et payait la totalité de la dette, elle pourrait recourir contre son mari pour tout ce qui excède son émolument dans la communauté : ainsi le mari supporterait les trois quarts de la dette si l'émolument de la femme n'était que d'un quart. Je vais même plus loin ; la femme poursuivie pourrait appeler son mari en cause pour que ce dernier vînt la délivrer des poursuites et payer lui-même tout ce qui excède son émolument. Or, puisqu'elle a ce droit, pourquoi son créancier ne pourrait-il pas l'exercer (article 1166)? Je pense donc, avec Pothier (n° 730), que les créanciers de la femme, lorsque celle-ci use du bénéfice de l'art. 1483, peuvent demander au mari plus que la moitié dont il est tenu envers eux (art. 1482), savoir : cette moitié directement, *proprio jure*, et la différence de l'autre moitié à l'émolument de la femme dans la communauté, en vertu de l'art. 1166, *jure debitoris*, au nom de la femme. On ne peut, en effet, comprendre que le mari puisse trouver dans l'insolvabilité de la femme un avantage qu'il n'aurait pas si cette dernière était solvable.

§ 2. — Droit de poursuite à l'égard de la femme ou ses héritiers.

101. La femme, après la dissolution de la

communauté, continue d'être débitrice pour la totalité, envers les créanciers, des dettes communes qui procèdent de son chef, c'est-à-dire des dettes qu'elle a elle-même contractées, soit avant, soit depuis le mariage, et de celles des successions ou donations qui lui sont échues (art. 1486), sauf son recours, suivant les cas, contre le mari ou ses héritiers, soit pour la totalité de ces dettes en cas de renonciation à la communauté, soit, en cas d'acceptation, pour la moitié ou pour tout ce qui excède son émolument (art. 1483).

Mais elle n'est tenue que pour moitié ou jusqu'à concurrence de son émolument, des dettes communes qui procèdent du chef du mari, car elle n'est tenue de ces dettes qu'en qualité de commune.

Elle n'est encore tenue que pour moitié des dettes contractées conjointement avec son mari (art. 1487); mais elle ne peut, à raison de ces dettes, opposer aux créanciers le bénéfice de l'art. 1483, car elle est personnellement obligée pour cette moitié.

SECTION II.

Droit de contribution entre époux.

102. En principe, chacun des époux de-

meure chargé de la moitié des dettes de la communauté; cette contribution aux dettes est basée sur la division par moitié de l'actif (art. 1474).

Mais, à côté de cette règle, la loi pose deux exceptions : l'une *spéciale* à la femme (article 1483); l'autre *commune* aux deux époux (art. 1490-1°).

1° Exception *spéciale à la femme, bénéfice de l'art.* 1483.

103. L'exception de l'art. 1483, spéciale à la femme, est ainsi formulée :

« La femme n'est tenue des dettes de la communauté, soit à l'égard du mari, soit à l'égard des créanciers, que jusqu'à concurrence de son émolument, pourvu qu'il y ait eu bon et fidèle inventaire, et en rendant compte tant du contenu de cet inventaire que de celui qui est échu par le partage. »

Ce bénéfice, que nous trouvons dans l'ancien droit (1), a sa cause dans les pouvoirs presque illimités que la loi a accordés au mari sur les biens de la communauté et dans l'éloignement de la femme des affaires matérielles. Je vais examiner :

1° En quoi consiste ce bénéfice ;

---

(1) Nouvelle coutume de Paris, art. 228. — Coutume d'Orléans, art. 187.

2° A l'égard de quelles personnes et à l'égard de quelles dettes il a lieu ;

3° Sous quelles conditions il se produit.

§ 1er. — En quoi consiste ce bénéfice.

104. Le bénéfice de l'art. 1483 consiste, pour la femme, à n'être tenue des dettes de la communauté que jusqu'à concurrence de son émolument dans les biens de la communauté.

Par émolument, il faut entendre tous les avantages que la femme a retirés de la communauté comme commune, en vertu de la loi ou de la convention des parties, mais non ce qu'elle a prélevé à raison de ses reprises, car ce qu'elle reçoit à ce titre est une dette que lui paye la communauté et non un avantage qu'elle lui procure (1).

---

(1) Ainsi l'émolument de la femme comprend tout ce qu'elle a retiré de la communauté, soit pour la moitié qui lui est échue dans les biens communs, après les prélèvements opérés par les époux (art. 1474), soit par préciput (art. 1515 et suiv.), soit par libération des sommes qu'elle pouvait devoir à la communauté et qui auraient été précomptées sur sa part.

§ 2. — **A l'égard de quelles personnes et à l'égard de quelles dettes la femme ou ses héritiers ont ce bénéfice.**

105. L'art. 1483 semble indiquer que ce bénéfice est opposable, soit au mari, soit aux créanciers, pour toutes les dettes de la communauté. Il y a cependant une distinction importante à faire.

On a déjà vu que les dettes de la communauté provenaient, soit du chef du mari, soit du chef de la femme. Or, la femme étant personnellement débitrice des dettes qui proviennent de son chef, et la communauté étant, à l'égard des créanciers, une chose étrangère qui n'a pu diminuer le droit qu'ils avaient contre leur débiteur personnel, il résulte que la femme ne peut opposer à ses propres créanciers le bénéfice de l'art. 1483, bien que ces dettes soient purement mobilières et qu'elles soient *définitivement* communes (art. 1409-1°, 1410).

Restent donc les dettes provenant du chef du mari. C'est seulement à l'égard de ces dettes que la femme peut opposer aux créanciers la faveur de l'art. 1483, c'est-à-dire à l'égard des dettes auxquelles, ainsi que le dit très-bien Pothier (1), la femme n'a pas parlé et dont elle

(1) Traité de la Communauté, n° 739.

n'est, par conséquent, tenue qu'en sa qualité de commune, pourvu, toutefois, qu'il ne s'agisse pas de créanciers ayant hypothèque sur les immeubles abandonnés par le partage à la femme (art. 1489) (1).

Au contraire, vis-à-vis du mari ou des créanciers de ce dernier, la femme peut opposer son bénéfice indistinctement pour toutes les dettes *définitivement* communes, même celles qui proviennent de son chef.

106. Mais qu'arrivera-t-il si la femme a payé au delà de son émolument une dette dont elle n'était tenue qu'en sa qualité de commune? A-t-elle la répétition contre le créancier? Oui, mais à la condition qu'elle ait exprimé dans la quittance que ce qu'elle payait était pour sa part. A cette condition, la femme, en justifiant qu'elle a payé par erreur au delà de son émolument, doit avoir la répétition de ce qu'elle a payé de trop (art. 1377). Mais cette répétition n'est pas possible si la femme a payé toute la dette ou des à-compte sur toute la dette et non pas seulement pour sa part, parce qu'en payant ainsi

(1) Il s'agit là d'hypothèques antérieures ou contemporaines aux mariages ; à l'égard des hypothèques postérieures à la dissolution de la communauté, la femme n'en serait pas tenue si elles provenaient du chef du mari ou du chef des héritiers de ce dernier.

la femme est censée l'avoir fait tant en son nom qu'au nom de son mari. La femme n'a, en ce cas, de recours que contre son mari ou les héritiers de ce dernier.

Quand le mari a payé en trop, il faut, à plus forte raison, admettre la même présomption. Le Code ne parle que de la femme parce qu'il a copié Pothier, qui ne s'occupait que du bénéfice de la femme.

§ 3. — Conditions auxquelles ce bénéfice est accordé.

107. La loi indique deux conditions à l'exercice du bénéfice de l'art. 1483 :

1° Qu'il y ait eu bon et fidèle inventaire ;

2° Qu'il soit rendu compte, tant du contenu de cet inventaire que de ce qui est échu à la femme par le partage.

L'art. 1483 constituant dans la loi un droit exceptionnel et tout de faveur pour la femme, il résulte que si l'une ou l'autre des conditions exigées manque, la femme doit être déchue de ce bénéfice et contribuer par moitié aux dettes, alors même que son émolument serait inférieur à cette moitié des dettes.

108. Et d'abord, un inventaire doit être fait dans les trois mois à partir de la dissolu-

tion de la communauté, c'est-à-dire dans les délais fixés à la femme qui veut se réserver la faculté de renoncer à la communauté (art. 1456 ; Cassation, 7 février 1848, S. 48, 1, 243).

Cet inventaire doit être *bon et fidèle*, c'est-à-dire fait de bonne foi et contenant l'indication de toutes les valeurs qui peuvent dépendre de la communauté. Il résulte de là, que la femme coupable de recel ou de divertissement doit être déchue du bénéfice de l'art. 1483. Mais c'est l'omission volontaire et non l'omission involontaire qui peut priver la femme de ce bénéfice.

L'inventaire est absolument indispensable vis-à-vis des créanciers. Mais l'est-il également à l'égard du mari ou ses héritiers? L'art. 1483 semble l'exiger dans tous les cas (Cassation, 24 mars 1828, S. 28, 1, 377).

Cependant plusieurs auteurs font une distinction, et décident que l'inventaire est indispensable à l'égard des héritiers du mari, mais non à l'égard du mari lui-même, car le partage est un titre que le mari ne peut désavouer, puisqu'il y a concouru.

109. La femme doit en outre rendre compte tant du contenu de l'inventaire que de ce qui lui est échu par le partage. Cette double justification est exigée, parce qu'on peut avoir omis

dans l'inventaire quelques objets qui se trouveront peut-être dans le partage, et, réciproquement, avoir omis dans le partage des valeurs qui sont indiquées dans l'inventaire. La loi, tout en protégeant la femme, prend toutes les précautions nécessaires pour sauvegarder les droits des créanciers.

110. La femme, à partir du partage, est débitrice envers les créanciers d'une quotité fixe et invariable, parce que c'est à ce moment que se détermine son émolument. Toute augmentation ou toute diminution de cet émolument postérieure au partage profite ou nuit à la femme, sans que la dette varie, sauf toutefois le droit qu'ont les créanciers d'exiger une nouvelle estimation de biens, s'ils trouvent trop faible celle comprise au partage amiable.

111. Les titres éxécutoires contre le mari pendant la communauté le sont également contre la femme, mais il faut appliquer ici l'art, 877, Code Nap., c'est-à-dire signifier les titres à la femme parce qu'elle peut les ignorer et se trouver ainsi surprise.

112. Quoique le bénéfice d'inventaire dont il s'agit ici ressemble assez à celui des héritiers en cas de succession, il en diffère cependant en plusieurs points :

L'héritier bénéficiaire n'est pas débiteur, il

n'est que comptable (art. 803). La femme, au contraire, est débitrice personnelle par son acceptation de la communauté, le bénéfice de l'art. 1483, ne faisant que circonscrire, soit sa contribution, soit son obligation aux dettes d'après la distinction ci-dessus établie.

La femme peut disposer à titre de propriétaire de la moitié des biens de la communauté sans être déchue du bénéfice de l'art. 1483, et sans que personne puisse critiquer les aliénations qu'elle aurait faite, à la condition, toutefois, de payer les dettes jusqu'à concurrence de son émolument; l'héritier bénéficiaire ne peut au contraire disposer lui-même des biens de la succession, sans être privé du bénéfice d'inventaire et déclaré par suite héritier pur et simple.

L'héritier bénéficiaire peut, en abandonnant les biens de la succession, se débarrasser des poursuites des créanciers sans avoir à s'inquiéter si ces biens ont augmenté ou diminué de valeur, car il n'est qu'administrateur (art. 803 et 804); la femme, au contraire, ne peut faire cet abandon puisqu'elle est débitrice personnelle. Pothier (n° 747), et plusieurs auteurs après lui, commettent donc une erreur en accordant ce droit à la femme.

2° Exception *commune aux deux époux.*

113. Au surplus, ce qui précède sur la contribution aux dettes ne fait pas obstacle aux conventions particulières entre époux : c'est ce que prévoit l'art. 1490-1°, lequel constitue, comme je l'ai annoncé plus haut, la deuxième exception, commune aux deux époux, à la division des dettes par moitié (art. 1482).

S'il entre dans la convenance des époux, pour éviter la division préjudiciable d'un immeuble, ou dans toute autre vue, de mettre dans un lot, comme compensation à plus forte part dans l'actif, les deux tiers, les trois quarts, ou la totalité, soit du passif (ce qui se fait le plus habituellement dans la pratique), soit de telle ou telle des dettes qui le composent, les époux peuvent le faire; et toute convention arrêtée à cet égard sera pleinement efficace entre eux. Mais elle ne sera pas opposable aux créanciers, à l'égard desquels elle est *res inter alios acta*, et par conséquent étrangère, bien que ces derniers puissent cependant s'en prévaloir.

CHAPITRE V.

DE LA LIQUIDATION AU POINT DE VUE PRATIQUE.

SECTION PREMIÈRE.

Préliminaires généraux.

114. Lorsque la communauté est dissoute par l'une des causes indiquées dans les articles **1441** et suiv., C. N., la première chose à faire est de requérir l'inventaire des biens existants au moment de cette dissolution (1).

---

(1) Un inventaire bien fait doit contenir, lorsque cela est possible, tous les renseignements nécessaires à la connaissance de la situation exacte de la communauté au jour de sa dissolution. On y procède, dans la pratique, à défaut de pièces, par les déclarations des parties.

Les papiers (*a*) sont classés, en principe, en autant de liasses différentes, appelées *cotes*, qu'il y a d'affaires distinctes. On peut même, pour plus de clarté et lorsqu'une cote est trop chargée, la diviser, soit en paragraphes, soit en cotes séparées.

Voici la marche générale qu'on suit dans la pratique du

(*a*) Ceux, bien entendu, qui sont importants pour la composition des masses active et passive de communauté ou dont la conservation offre un intérêt pour la famille.

Cet inventaire est nécessaire : à l'époux qui veut conserver la jouissance légale des biens de ses enfants mineurs ; à la femme séparée de corps et de biens, ou de biens seulement, qui

---

notariat de Paris pour les inventaires dressés à la requête de l'époux survivant.

On comprend, sous la cote première, l'extrait de l'acte de mariage, s'il se trouve dans les papiers, et l'expédition du contrat de mariage, s'il en existe un. La première de ces deux pièces fait connaître le point de départ de l'association conjugale ; la seconde, les lois de cette association. Leur analyse doit être concise, sans omission, toutefois, d'aucun élément essentiel.

A la suite de cette analyse, l'époux survivant, ou toute autre personne, fait des déclarations générales, soit sur les apports des époux, soit sur les successions et donations recueillies par eux pendant le mariage ou toute autre cause de propres. Ces déclarations, comme toutes celles qui sont faites dans le cours de l'inventaire, sont de la plus grande utilité pour la liquidation à intervenir ; elles sont l'indication sommaire, avec renvoi aux cotes suivantes, s'il y a lieu, des éléments de reprises des époux et des causes d'indemnités dues à la communauté.

Les cotes suivantes sont consacrées à l'analyse des papiers relatifs aux reprises des époux.

Ces cotes sont immédiatement suivies de celles qui constatent l'actif de communauté.

Puis vient l'analyse des papiers relatifs au passif de la communauté en commençant par les plus importants.

On comprend, sous le titre de renseignements, dans une ou plusieurs cotes, tous les papiers utiles à conserver et dont

veut conserver la faculté d'accepter ou de répudier la communauté ; à la femme survivante qui veut se réserver la faculté de renoncer à la communauté et jouir du bénéfice de n'être

---

l'analyse ne paraît pas indispensable, telles que les factures acquittées, les quittances de loyers et autres pièces de cette nature.

On a l'habitude de terminer l'opération par des déclarations générales dans lesquelles on indique les deniers comptants (a) et autre actif dont il n'y a pas de titres, et le détail des frais funéraires et autres acquittés par l'époux survivant ou toute autre personne, soit pour le compte de la communauté, soit pour celui de la succession du prédécédé. On classe en une ou plusieurs cotes, suivant les cas, les papiers qui sont représentés à l'appui de ces déclarations.

Enfin, l'inventaire se clôt par le serment prêté entre les mains du notaire, et sur son interpellation, par ceux qui ont été en possession des objets ou qui ont habité la maison où étaient ces objets (C. Pr., 943) ; si c'est à la requête de la veuve qu'a été fait l'inventaire, cette dernière le déclare en outre sincère et véritable (C. N., 1456).

Le notaire doit parapher les papiers inventoriés (C. Pr., 943-6°). Doit-il les parapher tous, même les titres actifs et les valeurs au porteur ?

Oui, en principe, car cette formalité est éminemment conservatrice, puisqu'elle avertit les tiers qu'il s'est opéré un changement dans la personne du propriétaire, et sauvegarde

(a) Lorsque les scellés ont été apposés sur les meubles de la communauté, on constate les deniers comptants à la fin de la prisée du mobilier.

tenue des dettes de la communauté que jusqu'à concurrence de son émolument (C. N., 1442, 1456, 1463, 1483).

Il doit être fait dans les trois mois à partir du jour qui suit celui où s'est accompli le fait qui a dissous la communauté.

Cet inventaire ne peut être dressé que trois

---

ainsi très-souvent les intérêts des incapables en rendant ces titres, sinon inaliénables (C. N., 552), du moins difficiles à négocier. La jurisprudence tend cependant à dispenser les notaires d'apposer leur paraphe sur les titres au porteur (Cour de Paris, 19 mai et 5 août 1857, S. 1857, 2, 623, et 29 janvier 1859, S. 1859, 2, 10).

Je crois cette jurisprudence sage et bonne en soi; mais je pense néanmoins, en fait, que le notaire doit, en cette matière; comme dans toutes celles de son ministère, user de beaucoup de prudence, sans toutefois se laisser aller à la timidité : je lui appliquerai volontiers ce que le jurisconsulte Celsus disait du juge romain : « *Bonus judex varie ex causis personisque constituet* » (loi 38, *de rei vindicatione*, Digeste).

En conséquence, le notaire doit, suivant les cas, renvoyer les parties se pourvoir devant le juge pour qu'il soit statué sur ces différents titres.

Voici, au surplus, comment on procède généralement dans la pratique :

Lorsqu'il se trouve des valeurs au porteur, le notaire les prend et les garde en dépôt jusqu'à ce qu'il ait été ordonné, en référé, que le notaire sera dispensé de les parapher, et qu'elles seront confiées à lui ou à un tiers, ou déposées à la Banque de France, le tout jusqu'à la liquidation.

jours après l'inhumation du défunt (1), ou trois jours après l'apposition des scellés, si cette apposition a été faite depuis l'inhumation, à moins que, pour des causes urgentes et dont il est fait mention dans son ordonnance, il ne soit autrement statué par le président du tribunal du domicile du défunt (C. Pr., 928).

Ce délai est accordé pour donner aux intéressés le temps de comparaître et aussi par décence publique.

115. L'apposition des scellés peut être requise ou faite d'office par le juge de paix du domicile, lorsque le conjoint ou l'un des héritiers est absent, ou lorsque le défunt était dépositaire public; mais elle ne peut être faite d'office, dans ce cas spécial, que sur les objets du dépôt (C. Pr., 911).

116. Lorsque les scellés ont été apposés, l'opération principale est la levée de ces mêmes scellés; l'inventaire n'est alors qu'un complément de cette opération.

En conséquence, s'il se trouve, parmi les effets et papiers de la communauté, ou le tes-

---

(1) Par inhumation, il faut entendre l'inhumation définitive. Si le corps du défunt avait été déposé dans un caveau provisoire, il faudrait, même dans ce cas, quel que fût le temps écoulé, obtenir une ordonnance du juge pour procéder à l'inventaire.

tament du défunt, ou des objets et papiers étrangers à la communauté et réclamés par des tiers auxquels ils ne peuvent être remis à l'instant même ; s'il s'élève des difficultés ; s'il y a lieu de faire des interpellations ou de requérir la nomination d'un administrateur provisoire, c'est sur le procès-verbal de levée des scellés, et non sur l'inventaire, que la description des papiers et objets est faite, et que les difficultés, interpellations ou réquisitions sont consignées (C. Pr., 939). Le rôle du notaire est alors purement passif, il se contente de mentionner brièvement sur l'inventaire la nature et la cause des incidents.

117. Si les scellés n'ont pas été apposés, ou s'ils ont été levés sans description, c'est alors au notaire qu'il appartient de constater sur l'inventaire tous les incidents, et, s'il y a lieu, de renvoyer les parties, ou de se pourvoir lui-même sur leur réquisition, en référé, devant le président du tribunal.

SECTION II.

Préliminaires de liquidation.

118. Lorsque les parties sont majeures, maîtresses de leurs droits et d'accord, elles procèdent à la liquidation comme bon leur semble

(985, C. Pr.). Les conventions intervenues entre elles doivent être exécutées de bonne foi (1134, C. N.)

119. Mais, si parmi les parties il se trouve des incapables, mineurs ou interdits, des absents, ou si les parties capables ne sont pas d'accord, il faut recourir au partage en justice (C. N., 823 et 838).

120. La partie la plus diligente se pourvoit, à cet effet, devant le tribunal du lieu de l'ouverture de la succession qui est celui du domicile du défunt (C. N., 110, 822 et 823), quelle que soit d'ailleurs la situation des biens (1).

121. La direction de l'instance appartient à celui des copartageants qui, le premier, a fait viser par le greffier du tribunal, saisi de la demande, l'original de son exploit d'ajournement. Elle est le prix de la course au greffe (C. Pr., 967).

122. Le partage peut être demandé par toute personne qui est dans l'indivision, et en son

---

(1) Dans l'ancien droit on ne s'accordait pas sur la compétence en matière de partage. Les uns l'attribuaient au juge de la situation des biens, les autres au juge de l'ouverture de la succession (Lebrun, *Successions*, liv. 4, chap. 1, n° 47; Ferrière, *Dictionnaire du Droit*, 8°, *Partage de succession*, n° 90).

nom par ses créanciers (C. N., 1166) (1), même par un usufruitier, lorsque la chose soumise à son usufruit est indivise, quant à cet usufruit ; car il a intérêt à faire cesser la communauté de jouissance (2).

123. Si le demandeur à l'action en partage est le tuteur d'un mineur ou d'un interdit, il doit préalablement obtenir l'autorisation du conseil de famille ; mais il peut répondre à cette action sans cette autorisation (C. N., 465 et 505).

124. Le mineur émancipé peut intenter l'action en partage et y répondre avec la seule assistance de son curateur (art. 840, C. N.).

125. Le mari d'une femme cohéritière peut-il provoquer seul le partage ou y répondre seul ?

Non, si les époux sont mariés sous les régi-

---

(1) Toutefois l'action, n'étant exercée par le créancier qu'au nom du débiteur, n'est plus recevable quand le débiteur a fait lui-même les diligences nécessaires. Le créancier n'a plus dès lors que le droit d'intervenir (882, C. N.).

Il a été jugé que le créancier n'avait pas le droit de demander le partage en justice, lorsque les héritiers, maîtres de leurs droits, étaient d'accord pour le partage amiable, surtout lorsqu'un notaire avait déjà été chargé de l'opération du partage (Poitiers, 10 juin 1851, D. P. 1853, 2, 52).

(2) Cassation, 8 août 1836, D. P. 1836, 1, 441.

mes dotal, de la séparation de biens, ou sans communauté; car partager, c'est aliéner, et le mari ne peut seul aliéner les biens de la femme.

Mais, si les époux sont mariés sous le régime de la communauté, il faut distinguer : le mari pourra seul provoquer le partage ou y répondre, si les biens à partager doivent tomber en toute propriété dans la communauté, car le mari peut aliéner les biens de la communauté ; mais, seul, il ne pourra ni provoquer le partage ni y répondre, lorsque les biens à partager, meubles ou immeubles, ne doivent tomber dans la communauté que pour l'usufruit seulement (C. N., 818). La femme devra concourir au partage pour qu'il soit définitif.

Il est bien entendu que la femme mariée et cohéritière ne peut jamais provoquer seule le partage ou y répondre. Elle a toujours besoin de l'autorisation de son mari ou de justice (C. N., 217 et 218).

126. A l'égard des absents (1), il faut distin-

---

(1) Par absents, il faut entendre ici les personnes sur l'existence desquelles il y a doute (art. 112 et s., C. N.).

S'il s'agissait de non présents, c'est-à-dire d'héritiers sur l'existence desquels il n'y a aucun doute, mais qui se trouvent éloignés du lieu de l'ouverture de la succession, le partage

guer si l'absence a été déclarée et l'envoi en possession prononcé, ou si l'absence est seulement présumée ; et principalement si le droit à liquider était ouvert avant ou s'est ouvert seulement depuis la disparition de l'absent ou l'époque de ses dernières nouvelles.

Le droit à liquider était-il ouvert au moment de la disparition de l'absent ou à l'époque de ses dernières nouvelles, l'action appartient aux envoyés en possession (art. 817, C. N.).

Mais si l'on est encore dans la période de la présomption d'absence, et qu'il y ait intérêt pour l'absent à sortir de l'indivision, le notaire nommé aux termes de l'art. 113 pour représenter les présumés absents peut-il provoquer le partage? Je ne le pense pas. En fait, cela n'a jamais lieu; et en droit, l'art. 113 me paraît donner au notaire un rôle purement passif. Je crois donc qu'il faudrait, dans ce cas, procéder à la nomination d'un curateur.

Le droit à liquider s'est-il ouvert depuis la disparition de l'absent ou depuis ses dernières nouvelles, les cohéritiers présents peuvent re-

---

ne pourrait être fait, et seulement en justice, qu'après leur mise en demeure d'y assister. Tant pis pour eux si, ayant été avertis, ils ne s'y rendent pas, ou s'ils ne s'y font pas représenter.

pousser la demande de toutes personnes agissant au nom de l'absent, tant qu'il ne leur sera pas justifié de l'existence de ce dernier au moment de l'ouverture du droit (C. N., 135).

Tous ceux qui peuvent intenter l'action en partage pour l'absent peuvent, à plus forte raison, y répondre.

127. Mais n'y a-t-il pas un cas où, bien que l'existence d'une personne soit contestée, cette personne doit être admise au partage? Je pense qu'il en est ainsi dans les cas où la représentation est admise (art. 742), et où l'absent a laissé des enfants existants au moment de l'ouverture du droit à liquider. En effet, dans cette hypothèse, les cohéritiers de l'absent, que je supposerai être ses frères, n'ont aucun intérêt sérieux à l'écarter de la liquidation; ou plutôt leur intérêt est contraire à la justice, car s'ils écartent l'absent, c'est parce qu'ils présument qu'il est mort : or, s'ils présument qu'il est mort, il est inique de repousser ses enfants. Le droit de l'absent se trouve donc sauvegardé, dans l'espèce, par la présence de ses enfants.

Mais faut-il présumer l'existence ou la mort de l'absent? L'intérêt des cohéritiers étant écarté comme contraire à la justice, il faut décider la question dans l'intérêt de l'absent, et, par conséquent, le supposer vivant (1). Dès lors, c'est l'absent lui-même qui doit figurer dans la liquidation, représenté par un notaire commis à cet effet si l'envoi en possession n'a pas été prononcé, ou par les enfants si cet envoi a été prononcé (2).

127. L'action en partage doit être dirigée contre tous les cohéritiers ou ayants droit. Le cohéritier omis pourrait rejeter l'acte de partage et en requérir un nouveau ; mais il n'est pas indispensable que la demande comprenne les créanciers opposants d'un cohéritier, s'il en existe. Les créanciers, lorsque leur débiteur figure au partage, ont seulement le droit d'intervenir, mais à leurs frais (C. N., 882).

128. La demande en partage est formée par voie d'assignation (Rouen, 2 janvier 1841. D. P., 41, 2, 146. — C. Pr., 59, n° 6) ; mais le

---

(1) C'est là la présomption générale en matière d'absence, du moins jusqu'à l'envoi définitif.

(2) Je ne puis admettre, en effet, l'opinion généralement professée qui, se basant sur l'art. 136, C. N., soutient que les enfants de l'absent doivent venir prendre la part de ce dernier ; car rien ne prouve que l'absent soit mort, l'envoi en possession provisoire faisant, au contraire, présumer son existence à l'égard de ses enfants. D'ailleurs, toute personne qui invoque contre quelqu'un un droit à elle propre, est obligée d'en faire la preuve (art. 1315).

tribunal prononce comme en matière sommaire (823, C. N.).

129. Le jugement qui ordonne la liquidation commet un notaire pour procéder aux opérations de cette liquidation, et un juge-commissaire chargé de surveiller ces opérations jusqu'à ce que le tribunal ait statué sur le travail du notaire (C. N., 823; C. Pr., 969).

Le même jugement ordonne, s'il y a lieu, l'expertise des biens immeubles ou leur vente sur licitation, et désigne, à cet effet, soit le juge, soit le notaire, devant lequel doit se faire la licitation.

Si les immeubles sont situés dans plusieurs arrondissements, le tribunal peut commettre un notaire dans chacun de ces arrondissements, ou donner commission rogatoire à chacun des tribunaux de la situation de ces biens (C. Pr., 954).

Le jugement qui ordonne la vente détermine la mise à prix de chacun des immeubles à vendre. Il s'inspire à cet égard de tous les documents qu'il peut se procurer. Il peut même, suivant les circonstances, faire procéder à l'estimation totale ou partielle des immeubles par un ou trois experts, suivant l'importance et la nature des biens (C. Pr., 955).

130. Mais quel est le notaire qui doit être commis par le tribunal ?

En principe, c'est celui qui est choisi par les parties, si elles sont d'accord, ou d'office par le tribunal, si les parties ne s'accordent pas sur ce choix (C. N., 828).

Dans l'usage, c'est le notaire qui a fait l'inventaire. En cas de concours, c'est le plus ancien en exercice des deux (Statuts des notaires de Paris, 30 décembre 1823).

131. Le tribunal pourrait-il nommer une autre personne qu'un notaire, un juge, par exemple, pour procéder à la liquidation? Non; la commission du notaire est obligatoire dans la législation nouvelle (art. 828, C. N.; 969, C. Pr.; Cassation, 19 juillet 1838).

Rôle du notaire liquidateur.

132. Le notaire est, dans l'exercice ordinaire de ses fonctions, le représentant des parties qui veulent ou doivent donner à leurs actes ou contrats le caractère d'authenticité attaché aux actes de l'autorité publique. Il est alors toujours assisté d'un second notaire ou de témoins (art. 9, loi de ventôse an XI, Notariat).

133. Dans les partages judiciaires, au contraire, le notaire n'est plus le représentant des parties, mais le délégué du tribunal. Dès lors, il procède seul et sans l'assistance d'un second notaire ou de témoins (C. Pr., 977).

Le notaire liquidateur doit apporter une grande indépendance dans la rédaction de son travail. S'il consulte les parties, ce n'est que pour en obtenir des renseignements utiles ou pour essayer de les concilier, s'il y a lieu ; car il est avant tout l'homme de la conciliation. Mais s'il ne peut y parvenir, ou, s'il n'a pas à le faire, il accomplit sa mission comme il le juge convenable, d'après sa conscience et ses lumières personnelles, sans écouter d'autre voix que celle de la justice et de l'honneur (1). Libre dans ses allures, il décide les questions les plus importantes et les plus ardues, questions de rapport, de récompenses entre les époux et la communauté, de quotité disponible, d'interprétation de testaments, etc., etc., questions délicates qui réclament chez le notaire liquidateur la science du jurisconsulte, la sagesse du magistrat et toute la prudence du praticien.

---

(1) Sauf, pour les parties intéressées, le droit de critiquer le travail du notaire dans un procès-verbal séparé (C. Pr., 977).

SECTION III.

État liquidatif.

134. La loi n'assigne au notaire liquidateur aucune forme spéciale pour la rédaction de son travail. Cette rédaction est laissée à sa sagacité et à l'inspiration que lui suggéreront les circonstances.

Le notaire a, dans son travail, un triple but à poursuivre : la formation des masses, la fixation des droits des parties et l'attribution intelligente des choses au profit de chacun des copartageants dans la limite de ses droits. C'est là l'objet de ce qu'on appelle, dans la pratique, les opérations de l'état liquidatif. Ce qui précède et ce qui suit n'est qu'un moyen d'atteindre ce triple but.

L'état liquidatif se divise en quatre parties principales :

Les qualités;

Les observations préliminaires ;

Les opérations;

Et les dispositions générales.

PREMIÈRE PARTIE.

QUALITÉS.

135. L'état liquidatif doit d'abord compren-

dré les *qualités* des parties; car la première chose à faire est de connaître quelles sont les personnes intéressées au partage. Les pièces à produire dans ce but sont, ordinairement, l'intitulé de l'inventaire ou un acte de notoriété. S'il s'élève des incidents sur les qualités des parties, ils doivent être préalablement réglés. Si l'un des héritiers vient à décéder dans l'intervalle du jugement de commission au procès-verbal d'approbation de l'état liquidatif, il est d'usage, si les nouveaux héritiers sont parties dans l'opération commencée, que le poursuivant sollicite un deuxième jugement pour faire étendre la mission primitive du notaire; car le mandat de ce dernier étant judiciaire est essentiellement spécial. Mais s'il n'y a qu'un changement de personnes, par exemple, si le tuteur qui a figuré dans l'instance en partage est décédé depuis, ou si une fille héritière s'est mariée, ou même si les héritiers de la personne décédée ne sont pas parties dans l'opération commencée, le notaire opère lui-même les changements survenus dans les qualités au moyen des pièces fournies par les personnes intéressées.

136. Mais par qui le mineur ou l'interdit doivent-ils être représentés dans l'état liquidatif?

S'il y a opposition d'intérêts entre les incapables, il faut leur nommer à chacun un tuteur *ad hoc* (art. 968, C. Pr.).

S'ils ont tous le même intérêt, mais que cet intérêt soit en opposition avec celui de leur tuteur commun, on procède dans la pratique à la nomination d'un tuteur *ad hoc* (1).

Mais la seule jouissance légale du père tuteur constitue-t-elle une opposition d'intérêts avec le mineur? Non, car il n'y a pas indivision entre eux.

La présence du subrogé tuteur au partage est-elle nécessaire? Je ne le pense pas. La garantie du tribunal appelé à homologuer le travail du notaire me paraît rendre inutile le rôle purement de surveillance du subrogé tuteur. La loi est d'ailleurs muette sur ce point, tandis qu'elle se prononce lorsqu'il s'agit de la licitation des immeubles (C. Pr., 958-2°).

DEUXIÈME PARTIE.

OBSERVATIONS PRÉLIMINAIRES.

137. On appelle *observations préliminaires* l'exposition générale, faite en vue, soit de la com-

(1) Quelques auteurs pensent que le subrogé-tuteur est de plein droit tuteur *ad hoc* du mineur, et qu'il n'est pas nécessaire de faire nommer, en général, un tuteur *ad hoc* spécial.

position des masses active et passive, soit de la fixation des droits des parties, des actes et faits antérieurs à la circonstance qui a donné ouverture à la demande en partage, ou qui ont été la suite de cette circonstance.

138. Cette partie de l'état liquidatif n'est pas indispensable, mais elle est le plus souvent nécessaire pour l'intelligence du travail du notaire. Elle est admise dans la pratique.

C'est dans cette partie que le notaire analyse le contrat de mariage des époux et les titres des successions ou des donations recueillies par chacun d'eux, et liquidées pendant la communauté; qu'il examine les contrats de mariage de leurs enfants ou les actes constatant les libéralités qu'ils leur ont faites; qu'il fait le dépouillement de l'inventaire, et qu'il rend compte de la vente des biens meubles et immeubles, des expertises et de l'administration des biens communs; qu'il relate et que souvent il interprète le testament du défunt, etc., etc.

139. La meilleure marche à suivre dans l'analyse des actes et dans l'exposé des faits est de procéder par ordre chronologique, en commençant par l'analyse du contrat de mariage, et en finissant par l'exposé du compte d'administration, s'il y a lieu.

140. Mais le notaire liquidateur doit-il relater avec détails les actes et faits qui font l'objet des observations préliminaires?

Poser cette question, c'est demander s'il est nécessaire d'apporter de l'ordre et de la lumière là où le plus souvent règnent la confusion et les ténèbres. Sans doute, le notaire doit rejeter tous les détails inutiles, car ce qui est inutile est souvent dangereux et toujours embarrassant dans un travail long et difficile; mais qu'on le sache bien, le travail liquidatif doit être fait non-seulement pour des jurisconsultes, pour les juges appelés à le contrôler, mais encore, et avant tout, pour les parties intéressées, peu versées d'ordinaire dans les connaissances juridiques, mais toujours accessibles à une exposition nette et lumineuse des faits sur lesquels repose l'opération du partage.

141. Ainsi le notaire doit : distinguer soigneusement les biens propres des biens communs; déterminer avec précision les récompenses ou indemnités dues par les époux à la communauté, et les récompenses ou reprises dues par la communauté aux époux; en un mot, faire ressortir par une intelligente méthode tous les éléments actifs et passifs des masses à liquider.

En somme, le notaire liquidateur est seul juge de l'exécution de son travail; il doit avant de l'entreprendre s'entourer de tous les documents qui lui sont nécessaires, les examiner avec soin, les combiner entre eux et les relater avec plus ou moins de détails, suivant les circonstances et l'importance des affaires, afin d'arriver ainsi, après avoir aplani la voie dans les observations préliminaires, à l'exposition claire et méthodique de l'opération principale.

TROISIÈME PARTIE.

OPÉRATIONS.

142. Les opérations ont, ainsi que je l'ai dit, un triple but : la formation des masses, la fixation des droits des parties et les attributions ou abandonnements des biens à partager.

PREMIÈRE OPÉRATION. — *Formation des masses.*

143. Il y a le plus souvent, après le décès de l'un des époux, deux liquidations distinctes à faire : celle de la communauté et celle de la succession de l'époux décédé. C'est l'hypothèse dans laquelle je vais me placer.

144. Pour établir les masses actives et passives de chacune de ces liquidations, il ne reste plus, lorsque le travail des observations préliminaires a été fait avec intelligence, qu'a dresser, en quelque sorte, un tableau récapitulatif des chiffres qui ont été établis, en y ajoutant les articles de détail qu'elles ne pouvaient comprendre.

145. Mais il est quelquefois nécessaire, pour la détermination exacte des droits de chacun des copartageants, de distinguer, par colonnes séparées, les fonds et capitaux des fruits et revenus, les meubles des immeubles.

Cette distinction est nécessaire :

1° En principe, lorsque l'un des copartageants est marié (1);

2° Quand l'un des copartageants a des droits

---

(1) Cette distinction est toujours nécessaire lorsque l'époux cohéritier est marié sous le régime de la communauté; car, la communauté, si elle est légale, a droit à la propriété de la part héréditaire de cet époux dans les biens meubles et à l'usufruit des biens immeubles, et si elle est conventionnelle, elle a droit aux revenus des biens à liquider depuis le décès du *de cujus* (art. 1401, 1, 1498 et suiv., C. N.).

Si l'époux héritier est marié sous tout autre régime, il faut distinguer si c'est le mari qui a droit à la masse à liquider, ou si c'est la femme : si c'est le mari, la séparation des fonds et des revenus n'a pas d'objet; mais elle est nécessaire, si le droit appartient à la femme, lorsque cette dernière est soumise au régime dotal ou au régime sans communauté, puisque, sous ces deux régimes, le mari a la jouissance des biens de la femme (art. 1533 et 1562).

Elle n'a pas d'objet lorsque les époux sont mariés sous le régime de la séparation de biens.

comme donataire, légataire ou usufruitier, à une quotité de biens de la communauté ou de la succession à liquider;

3° Lorsque, au moment de la dissolution de la communauté, l'un des héritiers est mineur et soumis à la jouissance légale de son père ou de sa mère, époux survivant (384, C. N.).

146. Quelquefois il est même nécessaire de subdiviser les revenus en plusieurs époques, lorsque la jouissance légale a cessé dans l'intervalle du jour du décès au jour du partage, ou encore lorsque l'un des copartageants s'est marié dans cet intervalle (1).

147. La colonne des fonds et capitaux se compose non-seulement de la valeur en propriété des biens meubles et immeubles qui doivent faire l'objet du partage, mais encore des revenus de toute nature, fruits, intérêts ou arrérages de ces biens calculés jusqu'au jour de la dissolution de la communauté.

Et la colonne des fruits et revenus comprend tout ce qui a couru de ces fruits, intérêts ou arrérages depuis cette époque.

Ces distinctions doivent être faites même lors-

---

(1) Voir la distinction qui a été faite dans la note précédente.

qu'elles ne sont utiles qu'à un seul des copartageants (1).

§ 1er. — Masses de communauté.

148. Art 1er. — *Masse active* — La masse active de la communauté se compose :

En principe, de tous les biens se trouvant, au jour de la dissolution de la société conjugale, sous la main de l'époux survivant;

En sont exceptés, toutefois, les biens propres des époux, meubles et immeubles, meubles corporels et incorporels existant encore en nature à cette époque ;

Des récompenses ou indemnités dues par les époux à la communauté (2) ;

---

(1) Il faut toutefois que cette distinction, lorsqu'elle porte sur les fonds et fruits, ait une certaine importance. Dans la pratique, on la sacrifie, lorsqu'elle est d'un très-minime intérêt, afin de donner plus de clarté et de rapidité à l'établissement des masses.

(2) Ces causes de récompense ont été examinées sous les nos 16 à 46, auxquels je renvoie. Je rappelle toutefois ici que, dans mon opinion, ces récompenses sont de la somme employée, ni plus ni moins que si on l'avait empruntée d'un tiers, non-seulement lorsqu'il s'agit de dépenses nécessaires, mais encore lorsqu'il s'agit de dépenses utiles et même voluptuaires, en principe, sauf les distinctions établies plus haut, n° 49; mais qu'elles n'ont jamais lieu à l'égard des dépenses

Des fruits, intérêts ou arrérages de ces différents biens et récompenses (art. 1473).

La valeur des immeubles se détermine, soit par la vente qui en a été faite, soit par l'estimation qui leur est donnée par les parties, quand elles procèdent à un partage amiable, soit par une expertise préalable.

Les rentes sur l'État, les actions et autres valeurs soumises à un cours variable sont comprises dans la masse, d'après le cours de la bourse le plus rapproché du jour du partage (1); si elles ne sont pas cotées, il doit en être fait une estimation par experts, s'il y a des mineurs ou des interdits parmi les copartageants (2).

Quant à la valeur des meubles corporels, elle est déterminée, soit par la vente publique

---

usufructuaires, telles que celles des labours et semences des récoltes non encore coupées ou cueillies au moment de la dissolution de la communauté (n° 48).

(1) Il faut avoir soin, s'il y a lieu, de séparer, dans le cours de la rente ou autre valeur, la portion applicable au capital et celle applicable aux fruits.

(2) Dans la pratique, le notaire liquidateur a l'habitude de demander des renseignements aux compagnies qui ont émis ces valeurs, et ces compagnies s'empressent de les fournir. Cette pratique est bonne.

qui en est faite, soit par l'estimation du commissaire-priseur (1).

149. Art. 2. — *Masse passive.* — La masse active établie, on passe à la formation de la masse passive en divisant, s'il est nécessaire, les dettes, en dettes à la charge des fonds et capitaux, et dettes à la charge des fruits et revenus.

Les dettes à la charge des fonds et capitaux sont toutes les dettes communes ayant une cause antérieure à la dissolution de la communauté et toutes celles qui sont une conséquence nécessaire de cette dissolution. Dans ces dettes sont compris ; les frais de dernière maladie, les frais de scellés, inventaire, vente de mobilier, frais d'expertise, licitation, liquidation, homologation du partage, etc., etc.

Les dettes à la charge des fruits et revenus sont les arrérages et intérêts des dettes de

---

(1) On a critiqué l'habitude où sont les notaires de fixer la valeur du mobilier d'après l'estimation du commissaire-priseur, à défaut de vente publique. Cette critique me paraît peu sérieuse, parce que, dans la pratique, le commissaire-priseur a soin de s'enquérir de l'intention des parties à l'égard de ce mobilier, et, si leur intention est de le conserver en nature, il fait son estimation en conséquence; or, il est très-souvent arrivé que le prix de vente d'un mobilier, estimé comme ne devant pas être vendu, s'est trouvé inférieur à l'estimation faite par le commissaire-priseur dans l'inventaire.

communauté à partir de la dissolution, et toutes les dépenses d'administration des biens communs à partir de cette même époque, l'indemnité de logement et de nourriture de la veuve pendant le délai fixé par la loi (art. 1465).

150. La masse passive de communauté se compose :

1° Des créances des tiers;

2° Des reprises en deniers de la femme ;

3° De celles du mari.

Tel est, en principe, l'ordre qui doit être suivi dans le classement de ces dettes.

En effet, le mari, étant tenu des dettes de la communauté, ne peut, à raison de ses reprises, concourir avec les créanciers de cette communauté; car, ce qu'il prendrait d'une main, il serait obligé de le rendre de l'autre. D'un autre côté, le mari ou ses héritiers ne peuvent concourir avec la femme ou ses héritiers, car ceux-ci ont, à raison de leurs reprises, une cause de priorité (art. 1471).

Mais la femme acceptante peut-elle concourir avec les créanciers de la communauté? Il faut distinguer :

Oui, si elle a fait un inventaire dans les délais pour acquérir le bénéfice de l'art. 1483; car alors la femme n'est tenue des dettes de la communauté que dans les limites de son émolument (1), nul, si l'on suppose, pour donner de l'intérêt à la question, que l'actif soit insuffisant pour payer les reprises de la femme.

Non, si elle n'a pas fait faire inventaire, car la femme, étant tenue, par son acceptation, des dettes de la communauté comme le mari lui-même dont elle a ratifié la gestion par cette acceptation, doit céder la place aux créanciers de la communauté par les motifs ci-dessus énoncés pour le mari.

Voilà ce qu'il faut décider dans l'hypothèse où l'actif est insuffisant pour le payement des reprises de la femme. Pour le surplus, la femme agira, protégée par son hypothèque légale, sur les biens de son mari si ce dernier possède des immeubles, comme créancière ordinaire s'il n'en possède pas; car la femme acceptante n'a jamais, ainsi que je l'ai déjà dit, d'hypothèque sur les immeubles de la communauté.

Si l'actif est supérieur au passif, ou, tout au moins, s'il est suffisant pour payer les tiers créanciers de la communauté et les reprises de la femme, rien de plus simple : la masse active formée, on comprend dans la masse passive les créances des tiers, puis celles des

(1) On appelle *émolument*, ainsi que j'ai déjà eu occasion de le dire n° 104, ce que la femme prend dans la communauté comme commune et non comme créancière.

époux; la balance opérée, s'il y a un excédant actif, on le partage par moitié entre les époux ou leurs héritiers (C. N., 1474); mais, si cet excédant n'existe pas, on retranche de l'actif d'abord les créances des tiers, puis celles de la femme, et le mari seul est en perte, car il ne doit être payé que le dernier.

§ 2. — Masses de succession.

151. Art. 1er. *Masse active.* — La composition des masses active et passive de succession s'opère comme celle des masses active et passive de communauté, avec les mêmes distinctions en fonds et capitaux, fruits et revenus, et en meubles et immeubles, s'il y a lieu.

La masse active de succession se compose :

De la portion de l'époux décédé dans l'actif net de communauté ;

Des biens propres de cet époux, reprises en nature et reprises en deniers;

Des rapports dus à la succession par les enfants à raison des constitutions de dots, des donations ou payements de dettes (C. N., article 829), et des intérêts des sommes rapportées, à partir du jour du décès (C. N., art. 856);

Des créances que la succession du prédécédé

a droit d'exercer contre le survivant (art 1479, Code Nap.).

152. Art. 2. *Masse passive.* — La masse passive comprend :

Les frais funéraires ;

Le deuil de la femme (art. 1481) (1) ;

Les frais de vente ou d'expertise des biens de succession ;

---

(1) Lorsque le survivant a la jouissance légale des biens de tous ses enfants mineurs, on ne doit faire figurer, ni les frais de dernière maladie à la masse passive de communauté, ni les frais funéraires à la masse passive de succession. Ces divers frais sont alors une charge de la jouissance des père et mère (C. N., 385, n° 4).

Il en est différemment de l'indemnité de nourriture et de logement de la veuve, car cette indemnité lui est accordée en sa qualité de gardienne de la communauté.

Mais *quid* de l'indemnité de deuil ? Est-elle une charge de la jouissance légale ?

La Cour de Douai a décidé que le deuil de la veuve était compris dans les frais funéraires (arrêt du 22 juillet 1854, D. P. 1855, 2, 84). Telle est en outre l'opinion d'un grand nombre d'auteurs.

Mais si le père et la mère n'ont la jouissance légale que des biens d'un seul de leurs enfants, il faut comprendre dans les masses auxquelles ils appartiennent les frais de dernière maladie, les frais de deuil et autres frais funéraires, sauf à ajouter aux droits du mineur sa portion dans ces frais, et à les retrancher des droits du survivant des père et mère.

La part contributoire dans les frais de partage et d'homologation de l'état liquidatif (1).

DEUXIÈME OPÉRATION. — *Fixation des droits des parties.*

153. La fixation des droits des parties ressort, tant des *qualités* que des *observations* et de la *formation* des masses.

C'est une récapitulation des droits des parties ayant pour but de faire la *somme* de ce qui revient à chacune d'elles, à différents titres, en vue des abandonnements à faire.

A la part qui revient à chacun des copartageants dans la communauté ou la succession, s'ajoutent les reprises et créances de chacun d'eux, et les avantages gratuits qui peuvent appartenir au survivant.

Je vais examiner ici quelques questions de quotité disponible très-importantes au point de vue pratique.

154. L'art. 1094, 2ᵉ alinéa, dispose que, dans

---

(1) Art. 810 et 1482 combinés. Ces articles, en mettant les frais, l'un, à la charge de la succession, l'autre, à la charge de la communauté, supposent qu'il s'agit uniquement de liquider, dans un cas, la succession, dans l'autre, la communauté; il faut donc, lorsque l'état liquidatif contient les deux liquidations, établir une proportion entre elles.

le cas d'existence d'enfants ou descendants, l'époux peut, soit par contrat de mariage, soit pendant le mariage, donner à son conjoint, ou un quart en propriété et un quart en usufruit, ou la moitié en usufruit seulement des biens composant sa succession.

D'un autre côté l'art. 913 est ainsi conçu :

« Les libéralités, soit par acte entre vifs, soit par testament, ne pourront excéder la moitié des biens du disposant, s'il ne laisse à son décès qu'un enfant légitime : le tiers, s'il laisse deux enfants ; le quart, s'il en laisse trois ou un plus grand nombre. »

155. *Questions.* — Le disponible entre époux, tel qu'il est fixé par l'art. 1094, 2e alinéa, est-il invariable, quel que soit le nombre d'enfants, ou peut-il être complété par le disponible de l'art. 913, dans le cas où l'époux donateur ne laisserait à son décès qu'un seul enfant?

Jusqu'en 1841, les auteurs avaient toujours considéré comme invariable, la quotité disponible spéciale de l'art. 1094.

A cette époque, un savant professeur de Toulouse, M. Benech, développa le système contraire et soutint que l'époux donateur pouvait, dans l'espèce précitée, disposer au profit de son conjoint de la quotité la plus large fixée par l'art. 913.

Cette opinion trouva de nombreux adhérents

parmi les professeurs de l'École de Droit de Paris et parmi les auteurs.

Cependant, la Cour de cassation, qui avait toujours admis l'invariabilité du disponible spécial de l'art. 1094, persista dans sa doctrine et l'a toujours fait jusqu'à ce jour.

Je pense, avec la Cour de cassation, qu'il faut admettre le système de l'invariabilité de la quotité disponible de l'art. 1094.

Je ne rappellerai pas ici les arguments qui ont été produits dans l'intérêt de l'un et de l'autre système. Je me contenterai de faire connaître ceux qui m'ont déterminé à adopter l'opinion à laquelle je m'arrête.

Et d'abord, quel est le but de la disposition de l'art. 1094, 2e alinéa? Je le trouve dans ces paroles du tribun Jaubert (1).

« Quant à l'émolument des dispositions entre « époux, dit le tribun Jaubert, soit par dona- « tion, soit par testament, il faut distinguer : « *s'il reste des enfants du mariage*, l'époux sur- « vivant ne peut avoir *qu'un quart en propriété* « *et un autre quart en usufruit*, ou *moitié de tous* « *les biens en usufruit seulement*......

« Il était utile de permettre que, même en

(1) Rapport fait au Tribunat par le tribun Jaubert, au nom de la section de législation sur le projet de loi relatif aux donations et testaments (Fenet, p. 621).

« cas d'enfants, l'époux survivant pût avoir une « partie en propriété, *soit pour s'en aider dans « ses besoins personnels, soit pour donner de « l'appui au respect qui lui est dû par ses enfants.* »

S'il n'y a pas d'enfants, etc....

Ainsi, le disponible entre époux, fixé à un quart en propriété et à un quart en usufruit, l'a été pour donner de l'appui au respect qui est dû par ses enfants à l'époux survivant, et pour aider cet époux dans ses besoins personnels, c'est-à-dire pour lui procurer une position indépendante. Voilà le véritable but de l'art. 1094, 2e alinéa. C'est là, au fond, une disposition alimentaire.

D'après le projet du Code, ce disponible était toujours supérieur au disponible ordinaire, lequel ne pouvait dépasser le quart, en propriété, des biens du disposant, lorsque celui-ci laissait des enfants (art. 16 du projet).

Dans la rédaction définitive, le disponible ordinaire fut augmenté et élevé à la moitié, en toute propriété, pour les cas où le disposant ne laisserait qu'un seul enfant (art. 913, C. N.).

Cette modification fut l'objet de longues discussions (Fenet, t. XII, p. 307 et suiv.). Le motif qui paraît l'avoir fait triompher a été de placer, dans les mains du père, des peines et des récompenses pour maintenir dans les familles la subordination des enfants. La disposition de l'art. 913 est une réaction contre les principes d'égalité que la révolution avait fait naître ; elle est la consécration du principe d'autorité relevé par la main puissante du Premier Consul. « Plus on se rapprochera des lois romaines dans la fixation de la légitime, dit le Premier Consul, et moins on affaiblira le droit que la nature semble avoir confié au chef de chaque famille » (Fenet, *loc cit.*) (1).

Quant à l'art. 1094, il fut adopté sans discussion tel qu'il se trouvait dans le projet (article 172).

On voit donc, par ce qui précède, quel est le but différent de ces deux disponibles. Dans l'un, c'est le principe d'autorité qui domine ; dans l'autre, c'est une véritable disposition alimentaire ayant pour but de donner de l'indépendance à l'époux survivant. Voilà ce qui explique pourquoi l'art. 172 du projet (article 1094) ne subit aucune modification. Car les questions alimentaires sont étrangères aux réactions politiques.

Ainsi, indépendance à procurer à l'époux survivant, vis-à-vis de ses enfants, voilà le but

(1) D'après Justinien, la légitime était de moitié de la succession lorsque le défunt laissait plus de quatre enfants, et du tiers lorsqu'il en laissait quatre ou moins de quatre (Nov. 18, cap. 1).

certain de l'art. 1094-2°. Mais alors, plus nombreux sont les enfants, plus élevé devait être ce disponible alimentaire, car plus grands sont les besoins de l'époux pour conserver son indépendance, c'est-à-dire, maintenir les relations de respect et d'intimité entre lui et ses enfans. Que fait cependant le législateur? Il établit un disponible fixe. Or, si ce disponible a été jugé suffisant pour le cas où il y a plusieurs enfants, à plus forte raison doit-il l'être lorsqu'il n'y en a qu'un seul.

Mais, dit-on, pourquoi donc l'époux ne pouvait-il pas donner à son conjoint tout ce qu'il peut donner à un étranger au cas d'existence d'un seul enfant? Pourquoi? D'abord, parce que le but de la loi est atteint par l'art. 1094; et en second lieu, parce qu'il est du devoir du législateur de permettre plus difficilement ce qu'on est porté à faire plus facilement. Or, il est incontestable que les époux se font avec la plus grande facilité, même avant de se connaître, par contrat de mariage, c'est-à-dire irrévocablement, des libéralités très-souvent excessives.

En conséquence, la donation universelle ou excessive faite entre époux ne peut avoir d'autre étendue, même en cas d'existence d'un seul enfant, que celle qui a été fixée par l'art. 1094, 2e alinéa.

156. Mais cette donation sera-t-elle d'un quart en propriété et d'un quart en usufruit, ou de moitié en usufruit seulement ?

Il faut distinguer si l'époux a donné de la propriété ou de l'usufruit seulement : dans le premier cas, la libéralité sera d'un quart en propriété (1) et d'un quart en usufruit, parce que l'intention du donateur a été évidemment de donner de la propriété ; dans le second cas, elle ne sera que de la moitié en usufruit, parce que l'intention du donateur n'a été que de donner de l'usufruit.

157. On a vu (n° 155) quelle était l'étendue des deux disponibles, spécial et ordinaire (articles 913 et 1094). Ces deux disponibles peuvent-ils se cumuler, c'est-à-dire, être pris l'un et l'autre en entier sur les biens de la succession du donateur ?

La cour d'Agen l'a décidé ainsi par un arrêt du 27 août 1810. Mais cette solution, dont la conséquence directe était de rendre presque illusoire la réserve des enfants, a été repoussée,

---

(1) Mais à la condition, toutefois, que la donation qu'il s'agit de réduire contienne une disposition en propriété supérieure, ou tout au moins égale au quart de la succession ; si cette disposition était inférieure à ce quart, la libéralité ne serait alors, en propriété, que de la portion dont l'époux aurait disposé.

et avec raison, par les auteurs et par la Cour de cassation (arrêt du **13** juillet **1813**).

158. Ainsi les deux disponibles ne peuvent se cumuler, et, par conséquent, les libéralités du défunt ne peuvent, réunies, dépasser le disponible le plus élevé. Peuvent-elles toujours l'atteindre ?

Oui, mais à la condition que l'excédant du plus fort disponible sur le plus faible ne profite jamais qu'à ceux en faveur desquels il a été institué.

Ainsi, lorsque le disponible ordinaire est de moitié en propriété, le donateur peut, s'il a donné à son conjoint tout le disponible de l'art. 1094-2°, donner ensuite, par acte séparé, à un étranger (1) la différence entre les deux quotités, c'est-à-dire un quart en nue propriété ; mais si l'époux avait donné d'abord un quart en propriété à l'étranger, il ne pourrait plus donner à son conjoint qu'un quart en usufruit ; car en donnant un quart en propriété à un étranger et un quart en usufruit à son conjoint, l'époux a épuisé le disponible spécial, et le quart de la nue propriété qui reste appartient au disponible ordinaire.

Ainsi encore, lorsque le disponible ordi-

(1) Par étranger, il faut même entendre les enfants du donateur.

naire est d'un quart seulement, et que l'époux a disposé au profit de son conjoint d'un quart en propriété, il ne peut plus rien donner à un étranger, parce que le disponible ordinaire est absorbé, et que le quart en usufruit, c'est-à-dire la différence entre les deux disponibles, appartient au disponible spécial. Mais si l'époux avait donné à un étranger un quart en nue propriété, ou un quart en usufruit de ses biens, ou un quart en propriété, il pourrait incontestablement disposer au profit de son conjoint : dans un cas, de la moitié en usufruit, dans l'autre, d'un quart en propriété, enfin, dans le troisième cas, d'un quart en usufruit seulement; car ces libéralités, réunies, ne dépassent pas, dans ces diverses hypothèses, le disponible spécial.

159. J'ai supposé dans tout ce qui précède que les libéralités avaient été faites par actes séparés. Il en serait autrement si elles avaient été faites simultanément : si ces libéralités réunies ne dépassent pas le disponible le plus élevé, chacun des donataires prend ce qui lui a été donné, pourvu que la disposition soit faite dans la limite du disponible propre à chacun d'eux; si ces libéralités dépassent le disponible le plus fort, il y a lieu dès lors à une réduction proportionnelle entre les donataires.

160. Mais, le disponible ordinaire étant d'un quart seulement, l'époux peut-il, après avoir donné à son conjoint la moitié de sa succession en usufruit, disposer plus tard, et par acte séparé, au profit d'un étranger, de la nue propriété d'un quart (1)?

Je le pense : car, en disposant de la moitié en usufruit, l'époux donateur n'a pas, d'une part, donné tout le disponible spécial entre époux, et, d'autre part, n'a pas absorbé le disponible ordinaire.

1° *Il n'a pas donné tout le disponible entre époux*. En effet, la moitié en usufruit n'est pas le disponible entre époux; c'est la limite, dans l'intérêt de la réserve, de la disponibilité en usufruit, ce qui est bien différent. Le véritable disponible entre époux est d'un quart en propriété et d'un quart en usufruit. Vous pouvez donner un quart en propriété et un quart en

(1) Cette question est une des plus vivement controversées de notre droit. La jurisprudence est partagée : il y a un grand nombre d'arrêts pour et contre. La Cour de cassation décide, dans l'espèce, que l'époux ne peut rien donner à un étranger (plusieurs arrêts, et notamment arrêt du 11 janvier 1853, 53, D.P. 1, 17 ; S. 53, 1, 65 ; Palais 1853, tom. 1, p. 129), parce que, dit l'arrêt précité, en disposant de la moitié en usufruit de sa succession au profit de son conjoint, l'époux a épuisé la quotité disponible ordinaire, la moitié en usufruit équivalant à un quart en propriété, disponible ordinaire, dans l'espèce.

usufruit à votre conjoint, dit la loi à l'époux; mais si vous ne voulez lui donner que de l'usufruit, vous ne pourrez disposer que de la moitié de votre succession. Voilà le sens vrai de l'art. 1094, 2e alinéa.

Ainsi l'époux qui a donné à son conjoint la moitié de sa succession en usufruit peut encore lui donner un quart en nue propriété.

2° *Il n'a pas absorbé le disponible ordinaire.* En effet, dans l'espèce, le disponible ordinaire est d'un quart en propriété ; d'un autre côté, le disponible spécial est d'un quart en propriété et d'un quart en usufruit. Retranchant la partie commune dans ces deux disponibles, il reste un quart en usufruit dont l'époux peut disposer seulement au profit de son conjoint. Or, qu'a fait l'époux en disposant de la moitié en usufruit? Il a donné à son conjoint, d'abord l'usufruit du quart commun aux deux disponibles, et, en second lieu, le quart en usufruit dont il pouvait disposer au profit de lui seul, c'est-à-dire la différence entre les deux disponibles: cela est certain, puisque l'époux n'a entendu donner que de l'usufruit. Le quart en nue propriété qui reste est donc commun aux deux disponibles. L'époux, dans l'espèce précitée, n'a donc pas absorbé le disponible ordinaire; il peut donc dès lors en disposer, soit au profit de son conjoint, soit au profit d'un étranger. Cela me paraît incontestable.

161. Mais *quid*, si la quotité disponible ordinaire est d'un tiers? Le donateur, après avoir disposé au profit de son conjoint d'un quart en toute propriété et d'un quart en usufruit, peut-il donner encore quelque chose à un étranger?

Oui et non, suivant les circonstances : non, si l'époux donataire est jeune, parce qu'un quart en propriété et un quart en usufruit sur une tête jeune valent plus qu'un tiers en propriété, c'est-à-dire qu'alors le disponible spécial est le plus fort; oui, si l'époux donataire est vieux, car un tiers en propriété, c'est-à-dire le disponible ordinaire, est alors supérieur au disponible spécial. En effet, dans la question précédente, il s'agissait de savoir si le disponible ordinaire, inférieur au disponible spécial, avait été absorbé; ici, au contraire, il s'agit de déterminer quel est le plus fort disponible, puisque, je le suppose, le disponible spécial a été donné tout entier. C'est là une question d'appréciation dont le notaire liquidateur et le tribunal doivent se préoccuper.

TROISIÈME OPÉRATION. — *Abandonnement.*

162. Après la formation des masses à parta-

ger et la fixation des droits des parties vient, comme couronnement de l'opération principale, l'abandonnement au profit de chacun des copartageants des valeurs actives partageables dans la limite des droits de chacun d'eux.

163. Lorsqu'il s'agit de la liquidation de la communauté seule, les abandonnements se font par voie de prélèvement pour les reprises, en commençant par celles de la femme et en se conformant à l'art. **1471**, et le partage du surplus des biens communs se fait par attribution ou par la formation de lots suivis d'un tirage au sort, s'il y a lieu.

164. Mais lorsque à la liquidation de la communauté se trouve jointe, — ce qui est le cas le plus fréquent, — la liquidation de la succession de l'époux prédécédé, le prélèvement des reprises n'est plus dès lors qu'un élément de la fixation des droits des époux ou de leurs héritiers. Le notaire liquidateur procède par attribution, en ayant soin d'abandonner à chacun des copartageants sa part proportionnelle dans chaque nature de biens, tout en consultant les convenances particulières des parties; car, pour être fait en justice, le partage ne cesse pas de conserver le caractère d'un pacte de famille.

165. Quand un copartageant doit le rapport d'une somme, on fait entrer cette somme dans son abandonnement, et s'il s'est rendu adjudicataire d'un immeuble commun, on lui abandonne, si c'est possible, le prix d'acquisition qu'il doit, en entier ou jusqu'à concurrence du montant de ses droits. C'est là le moyen d'éviter le payement des droits de mutation dus par tout acquéreur de biens : pourvu, toutefois, que la liquidation soit faite immédiatement et à la suite du procès-verbal d'adjudication, lorsque la licitation est faite par le ministère d'un notaire, ou avant l'enregistrement du jugement d'adjudication, si la vente est faite en justice. Mais si le copartageant acquéreur n'absorbe pas tout le prix d'acquisition par confusion sur lui-même, il a à payer le droit proportionnel de mutation sur le surplus, parce qu'il y a dès lors parts acquises.

166. Lorsqu'il se trouve parmi les copartageants des incapables et qu'il y a dans l'actif à partager des placements tout faits et parfaitement solides, il convient de les attribuer à l'incapable plutôt que de l'argent ou des créances ordinaires, pourvu toutefois que les autres copartageants n'aient pas à en souffrir. Le notaire doit surtout opérer de la sorte lorsque le tuteur des mineurs ou interdits n'a pas d'immeubles sur lesquels puisse porter l'hypothèque de ces derniers, ou que ces immeubles sont insuffisants.

167. L'inégalité des lots en nature se compense par des soultes ou retours de lots.

168. Le copartageant auquel une soulte est due a un privilége sur les immeubles de la succession. Ce privilége doit être inscrit, à l'égard des tiers acquéreurs de ces immeubles, dans les quarante-cinq jours du partage, c'est-à-dire du jour de l'acte, si le partage est amiable, et de l'expiration des délais d'opposition et d'appel du jugement d'homologation, si le partage est judiciaire (loi du 23 mars 1855 sur la transcription). — A l'égard des créanciers du cohéritier, ce privilége peut être inscrit utilement dans les soixante jours du partage (art. 2109, C. N.).

169. Dans la pratique du notariat, on a l'habitude, lorsque les liquidations sont importantes, de faire suivre les abandonnements d'un tableau récapitulatif dans lequel se trouve résumée l'opération tout entière. Cette habitude est excellente, d'abord parce que cette récapitulation est la preuve de l'exactitude de cette opération, et ensuite parcequ'elle permet d'apprécier d'un seul coup d'œil la masse des biens à partager, l'étendue des droits des parties et la nature des attributions faites à chacun des copartageants.

QUATRIÈME PARTIE.

DISPOSITIONS GÉNÉRALES.

170. C'est dans cette partie que sont insérées toutes les conditions du partage : la fixation de la jouissance divisè des copartageants, la garantie des lots, les délais pour le payement des soultes, les stipulations relatives aux servitudes, s'il y a lieu, etc.

171. C'est encore dans cette partie :

Qu'on opère la remise des titres en se conformant à la loi (art. 842, C. N.) et aussi à l'usage ;

Qu'on donne mandat à l'un des intéressés d'acquitter le passif avec l'actif affecté à cet objet. Mais il faut que le mandataire réunisse toutes les conditions de solvabilité ; car cette mesure est une chose étrangère aux créanciers qui conservent toujours le droit de poursuivre chacun des copartageants dans la limite de sa part héréditaire ;

Que, dans les partages amiables, les parties requièrent le notaire liquidateur de leur délivrer tous certificats de propriété pour faire opérer le transfert des rentes et autres effets publics au nom de chacun des abandonnataires dans la proportion de son attribution (1);

Qu'on récapitule, lorsqu'il y a lieu, tous les objets et valeurs qu'il est nécessaire ou que les parties conviennent de laisser en commun, et que l'on donne, soit à l'un des copartageants, soit à un tiers, les pouvoirs pour le recouvrement ou l'administration de ces valeurs et objets.

172. En un mot, c'est dans cette partie qu'on comprend et qu'on détermine toutes les conditions générales et spéciales qu'il est nécessaire d'imposer et toutes les situations qu'il est utile de régler, soit dans l'intérêt de tous, soit dans l'intérêt d'un seul ou de quelques-uns seulement des copartageants.

---

(1) Dans les partages judiciaires, cette réquisition est faite dans le procès-verbal d'approbation de l'état liquidatif.

POSITIONS.

DROIT ROMAIN.

I. Il ne faut pas supprimer la particule *non* dans la loi 37, *familiæ erciscundæ*, Digeste.

II. Les lois 25, § 6 et 54, *familiæ erciscundæ*, Dig., sont inconciliables.

III. Dans la loi 27, *familiæ erciscundæ*, Dig., il ne s'agit que du règlement des prestations.

IV. Il n'y a qu'une omission de personnes qui puisse annuler la sentence du juge de l'action *familiæ erciscundæ* (loi 27, *fam. ercisc.*, Dig.).

V. Les choses qui font l'objet de l'action en pétition d'hérédité ne font pas nécessairement l'objet de l'action *fam. ercisc.*, et réciproquement.

VI. L'héritier qui a fait des dépenses dans l'intérêt commun a tantôt l'action *familiæ erciscundæ*, tantôt l'action *negotiorum gestorum*, pour obtenir de ses cohéritiers le remboursement des dépenses qu'il a faites à l'occasion de la chose commune.

VII. Soit qu'il s'agisse d'une obligation de faire, soit qu'il s'agisse d'une obligation de donner, du moment que l'objet de l'obligation est *indivisible*, la condamnation aux dommages-intérêts peut être poursuivie en *totalité* contre chacun des débiteurs : *nec obstat*, loi 72, *de verborum obligationibus*, Dig.

VIII. Les intérêts ne courent pas en vertu de la *litis contestatio* dans les actions *stricti juris*.

DROIT FRANÇAIS.

I. Pour décider que le rachat de l'usufruit grevant un propre de l'époux donne lieu à une récompense au profit de la communauté, il y a une distinction à faire.

II. L'immeuble aliéné avant le mariage par l'un des époux, et recouvré pendant la communauté légale par l'exercice de l'action résolutoire intentée pour défaut de payement du prix de vente, est acquêt de communauté.

III. Un immeuble ayant été vendu avant le

mariage par l'un des époux, sous une condition résolutoire expresse, moyennant un prix touché par la communauté, il est dû récompense à cette dernière de cette somme si, par suite de l'arrivée de la condition, elle est obligée de la rendre.

IV. Il n'est pas dû récompense à la communauté pour les dépenses des labours et semences faites sur le propre de l'époux, en vue de la récolte non encore coupée ni cueillie au moment de la dissolution de la communauté.

V. La récompense due par les époux à la communauté est, en principe, de la somme déboursée par la communauté, même pour les dépenses utiles et nécessaires, et non pas seulement de la plus-value procurée à l'immeuble propre de l'époux.

VI. Il n'est dû aucune récompense, soit à la communauté par les époux, soit aux époux par la communauté, à raison de la conversion pendant le mariage d'un droit perpétuel en un droit viager, et réciproquement.

VII. L'obligation de faire se caractérise, comme l'obligation de donner, par son objet.

VIII. Les époux exercent leurs reprises en vertu d'un droit de créance.

XI. Le partage est, en droit français, attributif entre copartageants, et déclaratif à l'égard des tiers.

X. Les créances se divisent de plein droit (art. 1220) ; elles ne figurent dans les partages que pour faciliter le lotissement.

XI. Le disponible entre époux, fixé, par l'article 1094, à un quart en propriété et un quart en usufruit des biens du disposant, est invariable, même dans le cas où le disponible ordinaire est de moitié en toute propriété.

XII. L'époux, ayant trois enfants ou un plus grand nombre, peut, après avoir disposé de la moitié en usufruit seulement de sa succession, disposer encore de la nue propriété d'un quart au profit d'un étranger.

DROIT ADMINISTRATIF.

Dans le cas où la femme accepte *ex intervallo* la déclaration de remploi qui a été faite par le mari, il n'y a aucun droit de mutation à payer par suite de cette acceptation.

DROIT INTERNATIONAL.

Les tribunaux français ne sont pas compétents pour connaître des engagements contractés par un gouvernement étranger envers un Français.

DROIT CRIMINEL.

Lorsque la pénalité s'augmente, à raison d'une qualité personnelle à l'auteur du crime, le complice ne doit pas subir cette aggravation.

HISTOIRE DU DROIT.

I. La communauté est d'origine germanique.

II. L'effet déclaratif du partage a son origine dans la lutte des praticiens français contre le fisc seigneurial.

Vu par le Président de la thèse,
VALETTE.

Vu par le Doyen,
C.-A. PELLAT.

Permis d'imprimer :
Le Vice-Recteur de l'Académie,
ARTAUD.

TABLE DES MATIÈRES.

DROIT ROMAIN.

DROIT FRANÇAIS.

DU PARTAGE DE LA COMMUNAUTÉ.

www.ingramcontent.com/pod-product-compliance
Ingram Content Group UK Ltd.
Pitfield, Milton Keynes, MK11 3LW, UK
UKHW020132220726
13923UKWH00001B/130

9 782019 264796